ENRIQUE OLVERA

DÍAS DE SOL NOCHES TAQUERAS

CON ALONSO RUVALCABA
FOTOGRAFÍAS DE ARACELI PAZ

LISTADO DE SÍMBOLOS

VEGETARIANO

VEGANO

V

SIN FRUTOS SECOS

SIN LACTOSA

SIN GLUTEN

5 INGREDIENTES O MENOS

-5

30 MINUTOS O MENOS

-30

PREFACIO

Durante mi paso por la escuela de cocina de Nueva York a finales de la década de 1990, el movimiento del New American Cuisine —encabezado por chefs como Thomas Keller, Larry Forgione y Alice Waters (entre otros)— estaba en plenitud. Como mexicano, me resultaba natural pensar que este movimiento podía replicarse a nuestro país; su extensa y profunda tradición lo haría no sólo posible, sino que se podría lograr de manera relativamente fácil.

Sin embargo, hasta entonces esto no había sucedido con los restaurantes de cocina mexicana. Me atrevo incluso a afirmar que el término «cocina contemporánea mexicana» no estaba siquiera en la conversación. Los chefs de aquel momento no se atrevían a meterle mano a las recetas y los pocos que lo intentamos hacer no siempre fuimos bien recibidos. Evidentemente, muchas de las propuestas que planteamos en esos días fueron poco afortunadas y la mayoría no pasaron la prueba del tiempo. Pero sabíamos que en ese recetario que con tanto recelo se había resguardado de generación en generación existía la posibilidad de generar nuevas combinaciones y de seguir construyendo nuestro patrimonio gastronómico. Y quizá ése es el legado que permanecerá: no el de nuestras recetas, sino el de entablar un diálogo distinto con nuestra cocina desde un lugar de admiración y de respeto, así como de un sinnúmero de posibilidades tanto en términos de combinación de productos como de niveles de ejecución y de contextos para su presentación. La innovación a partir de la experimentación, pero también, como hemos aprendido durante toda nuestra trayectoria, de la repetición, del trabajo diario y del conocimiento que genera trabajar los platillos una y otra vez; de la creatividad que puede surgir de los pequeños aprendizajes y descubrimientos que nos brinda la reflexión al hacer las mismas cosas una y otra vez.

Nací y crecí en la Ciudad de México, en una familia de clase media. A la cocina que se hacía en mi casa de manera cotidiana no se la catalogaría como «tradicional». Aunque por supuesto mi madre hacía de vez en cuando algún pipián o un entomatado, en nuestra mesa había de manera más frecuente una crema de zanahoria o una milanesa de ternera. Además, mi entrenamiento profesional había sido en técnicas europeas y no me sentía lo suficientemente familiarizado con la cocina tradicional mexicana como para proponer su versión moderna.

Donde sí me sentía más cómodo era en la comida de la calle, pues fue parte de mi infancia. Recuerdo, por ejemplo, el puesto de esquites que estaba al salir de la panadería y también el puesto de chicharrones que se encontraba en el parque, o las quesadillas fritas y las tortas que se vendían afuera de la escuela. Entendimos que, al igual que a nosotros, a la gente le encanta comer en la calle: nuestro restaurante batallaba por atraer algunos cuantos comensales y los puestos callejeros no tenían nunca ese problema. Así empezamos a incorporar, en el año 2004, algunos platillos al menú, como el robalito al pastor y la quesadilla líquida. Su éxito casi inmediato nos dio una clara señal de que ahí existía un largo camino por explorar. En Pujol, los primeros acercamientos a los tacos no fueron tacos, sino platillos que los evocaban. No fue hasta mi primera visita a Japón, a principios de la década de 2010, cuando intuí —o siendo más explícitos, entendí— que la historia del taco podía ser similar a la del *sushi*. Que una preparación popular surgida en la calle, pero valorada por todos los estratos, podía ofrecerse en diferentes contextos y elaborarse con diversos grados de rigor y complejidad.

Nuestros primeros juegos con los tacos ocurrieron cuando teníamos ya más de una década de existencia. Tratamos de hacer tortillas de sabores, por un lado, o utilizar vehículos o bases que no fueran tortillas para arropar ingredientes que tampoco solían aparecer en nuestros tacos populares. Durante ese periodo, podríamos decir que estos *prototacos* eran en realidad platillos presentados sobre una tortilla. Sin embargo, tras un par de años, siguiendo con nuestra exploración, nos empezamos a dar cuenta de que era más importante profundizar en la calidad de los ingredientes y en el perfeccionamiento de las técnicas. Y empezamos así un camino hasta cierto punto purista que nos permitiera poner los cimientos de un profundo entendimiento y valorización de los maíces con los que estábamos empezando a trabajar. Más allá de saborizar la masa de maíz, decidimos otorgarle a este grano el lugar que merece y tratarlo como un auténtico producto de especialidad, como ocurre con el vino o el café: reconocer las cualidades de cada variedad con la que preparamos las tortillas, su origen y su productor, así como las características que les confieren a cada masa, y por lo tanto, a las tortillas que producen.

Aprendimos en este proceso, también, que las tortillas son diversas y que cada una tiene su valor específico. Y no hablamos sólo del económico (baratas o caras, eso no es lo relevante en esta discusión), sino de su utilización para conformar un taco específico.

Dado su enorme valor en nuestra cultura, la problemática actual del maíz tiene muchas aristas, demasiadas para intentar abarcarlas en este texto. No negamos la importancia de ninguna. Reconocemos y defendemos el valor de la conservación de nuestros maíces criollos y nativos, pero somos conscientes de la importancia de este cereal como base de la alimentación de millones de mexicanos.

Para finalizar, retomamos la idea mencionada unas líneas más arriba de que los tacos son versátiles tanto en los ingredientes que los conforman como en los contextos en los que ahora se insertan, no sólo a nivel local, sino incluso a nivel internacional. La creatividad en su elaboración no radica ya en proponer el taco que nadie más haya hecho. Los tacos viven y se renuevan en el proceso de hacerlos todos los días, de los pequeños descubrimientos que quienes los preparamos adquirimos en esta repetición cotidiana. Y aquí hay otra forma de creatividad, más sutil, pero permanente. Como los tacos mismos.

ENRIQUE OLVERA

RENOVACIÓN

Como un virus que se propaga por el aire o como la muerte misma, el taco es el gran igualador, el máximo de los ecualizadores. Si el taco es el gran ecualizador, el que nos empareja a todas, a todos y a quienes no nos pensamos como hombres o mujeres, entonces el taco no discrimina, como la muerte. Esto es evidente. Ningún triciclo, bici, camioneta o carretilla de tacos lo dirá explícitamente pero ningún triciclo, ninguna bici, ninguna camioneta o carretilla de tacos niega ni excluye; nunca prohíbe la prestación de su servicio a nadie: ni por su origen nacional, lengua, sexo, género, edad, discapacidad, condición social, identidad indígena, identidad de género, apariencia física, condiciones de salud, ni por su religión o sus formas de pensar, ni por su orientación o preferencia sexual, ni por tener tatuajes ni por cualquier otra razón. El taco es lo contrario de exclusivo: es legítimamente para todxs. No de palabra o en un pinche letrerito sino en serio. Para todes.

El taco es el cuchillo que corta verticalmente las capas de la ciudad; esas capas pueden ser socioeconómicas o de género o geopolíticas, no importa: el taco las atravesará. Como un terremoto, el taco desconoce las líneas geopolíticas de las ciudades. No hay alcaldía ni colonia ni circunscripción vecinal que no tenga varias taquerías en forma de establecimientos o de puestos semifijos o ambulantes. (Por cierto, el movimiento es una característica entrañable de la forma *taquería*. El taco está en fuga: hay que perseguirlo por la ciudad.) Como un terremoto, el taco desconoce también los horarios de la vida diaria. O los conoce pero no le importan: todas las horas son las horas del taco. Hay tacos que tienden a lo matutino, como los tacos de canasta —orden clásica: uno de frijol con salsa verde, uno de chicharrón con rajas en escabeche, uno de adobo con los dos... pero en un momento hablaremos de salsas—; hay tacos que tienden al mediodía —dos ejemplos: carnitas y pescado capeado—; hay tacos que se sienten más cómodos durante la noche.

NOCHE TAQUERA

Repito: no hay una única hora de los tacos. Todos los tacos pueden relucir a todas las horas. El movimiento del taco se parece al movimiento que percibimos del sol alrededor de la tierra: así de engañoso, así de falso. En realidad el taco está quieto como el sol: *nosotros* nos movemos alrededor de su luz de foco pelón en el *socket* pendiente del techo de cochambre. El taco está quieto y nosotros inventamos horas a su alrededor.

Y he aquí que hemos decidido que *una* de las horas del taco es la hora de la noche y la madrugada: la última hora de cada día. Pasada la oratoria del poniente, llegado el sermón de las tres de la mañana. (Alguien más puede decir que esta hora no es la última sino la primera hora del día. Y tendrá razón. Ahora mismo, 3 am, es la última y más oscura noche de la Ciudad de México y la ciudad de Los Ángeles, de la ciudad de Tijuana y la de Nueva York, y su primera hora también. La noche taquera tiene un pie en el viernes y otro en el sábado, y con las manos toca esos dos días al mismo tiempo.)

¿Qué buscamos en esta hora limítrofe? Sólo una cosa se puede comprender en la neblina semialcohólica de la fiesta entre los amigos: el cuerpo necesita comida y necesita que esa comida sea muy grasosa. Es biológico. Cuando el cuerpo se ve falto de nutrientes, ansiamos los alimentos más densos de energía, o sea calor; o sea calorías: grasas. Pero buscamos que esas grasas tengan algo que las avispe: acideces de limón, dulces picantes de chile morita; buscamos el filo quisquilloso de la cebolla, la frescura del cilantro; buscamos esta cosa primaveral o veraniega, trópica, pacífica, llamada piña. En cinco palabras: buscamos tacos al pastor. El taco al pastor es el taco vampiro. El taco que no duerme (y también que no muere). Parece que arranca en la madrugada, ahí está a las diez de la mañana, es el sol del mediodía, descansa un poco a las cinco de la tarde, se alista a darnos de cenar a las ocho de la noche y su trompo siempre firme es nuestro norte otra vez a las 3 am. El taco al pastor también está interminablemente ligado a la salida del cine y otros espectáculos. A la salida de *Barbenheimer*: vamos por unos al pastor, ¿no?; a la salida de Taylor Swift: vamos por unos al pastor, ¿no? El taco es como una brújula que nos mueve en el tiempo y en el espacio de las ciudades.

Y vamos a él en la noche del taco pero no vamos solos, lo vivimos como una comunión o un ritual. O como un culto que no es violento sino amistoso. No tiene que ser al pastor. En otros lados van por *shawarmas* o kebabs. En nuestras ciudades podemos ir por tacos de suadero, tacos árabes, tacos al carbón, tacos de cabeza, tacos de *cochinada*, taco de lechón en Oaxaca de Juárez, taco de asada en Tijuana, Baja California. Brindamos con un taco —a veces incluso decimos *salud*— porque el taco es la comida nosferatu: el taco es el no-muerto.

SOBRE EL LUGAR DE LOS TACOS

En las grandes ciudades, como México o Los Ángeles, el taco es doblemente regional: pertenece a su barrio y a una región del país —entre esas regiones está, como en un juego de espejos que se desplazan, la propia Ciudad de México o Los mismísimos Ángeles; como sabemos, hay tacos puramente chilangos y completamente angelinos—. El taco es el símbolo de la ciudad de las migraciones.

Hay por supuesto tacos michoacanos de carnitas, tacos veracruzanos de minilla, tacos bajacalifornianos de pescado, tacos toluqueños de obispo, tacos yucatecos de cochinita, tacos oaxaqueños de lechón, tacos poblanos árabes, tacos chilangos de suadero, tacos hidalguenses de barbacoa, tacos sonorenses de asada, tacos dorados sinaloenses. Y tacos coreanos y tacos de barrio chino y tacos chinos (que no es lo mismo) y tacos tai y tacos de chorizo argentino y así interminablemente. *Interminablemente*.

El taco es el símbolo de la ciudad porque simboliza también el triunfo de la migración sobre nuestra innata xenofobia; el triunfo de la equidad sobre nuestra desigualdad hereditaria. El taco es una lengua franca y, voluntariamente o no, la hablamos todos y todas la entendemos.

Ahora bien, el taco extiende sus dominios. El taco de hoy no es el taco de ayer y no será el de mañana. El taco de hoy, por ejemplo, se ha mudado (temporalmente) al restaurante. Tal vez ustedes son muy jóvenes para recordar esto pero antes, cuando nuestros ancestros gobernaban la tierra, el taco era comida callejera. *Street food*, le llamábamos. Comida de comer parados o ya con mucho esfuerzo sentados en banquitos de plástico blanco o rojo con su señal de cocacola.

Mamá, papá y hermanitos íbamos los jueves después de ver una película y nos parábamos frente a la parrilla de carbón en Los Parados (un ejemplo entre miles: cada quien su barrio), que no era un restaurante sino literal una parrilla de carbón, y comíamos chuleta y bistec con limón y pico de gallo o pebre o salsa mexicana o como le digan ustedes. Si acaso alguien sacaba un banquito para la señora, pues bienvenido y muchas gracias, caballero.

Pero, como el universo o la forma de tu cara, el taco está cambiando siempre. Y el taco entró al restaurante, y mentes muy pensantes lo han explorado y cambiado y felizmente intelectualizado, y ahora es esto que es: una búsqueda de perfección técnica e ingenio e ingeniería.

Algo, sin embargo, queda del taco parado, el taco mugroso de banqueta con la rata ocasional echando un ojo y moviendo su naricita rosa o gris a ver qué captura si la suerte de la ciudad de los roedores la favorece...

Hay una lucha entre la calle y la casa y el restaurante. Hay tacos que no han entrado al restaurante —tacos de comer parados de verdad, apenas bajo la ocasional sombrilla color azul sostenida por un mesa de plástico—; son la última línea de batalla del taco banquetero; por ejemplo, los tacos de canasta (y los más banqueteros entre los tacos de canasta son los que se ponen afuera de prepas y universidades). Hay tacos cantineros y tacos caseros; hay tacos que no pueden vivir fuera del restaurante de manteles largos. Hay un taco todavía más banquetero, más trabajador, taco solitario colectivo. Lo comemos de pie cuando no hay de otra pero generalmente lo comemos sentados en una banquita, en una jardinera o de plano en la orilla de la banqueta. Es el taco de tortillería. Es barato como un piropo o un insulto. Todos conocemos una tortillería o varias. (Molino "El Pujol" es la versión gentrificada de todas ellas.) La cocina de tortillería ha alcanzado una de las metas definitivas del restaurante ideal: la consistencia; es decir la estabilidad, la solidez, la capacidad de repetir un plato sin cambios de cualquier índole: ni errores ni mejoras. Y así vamos y compramos las personas sin futuro o las personas que sabemos que nuestro único futuro cierto es hoy.

El taco de tortillería es pertinazmente humilde: tiene esa virtud que consiste en el conocimiento de las propias limitaciones y debilidades y en obrar de acuerdo con este conocimiento. El taco de tortillería es desgarradoramente humilde.

(Por cierto, no existe taco más doméstico que el taco de sal que la mamá enrolla con un movimiento de la mano y entrega al hijo o a la hija apenas han dejado la fila de las tortillas. Quien no cache esa referencia se ha perdido una vida de amor y de ternura.)

En este libro encontrarán todas las formas de estos tacos.

HACIA EL PUNTO FINAL (DEL PRINCIPIO)

El taco se renueva insistentemente. «El taco es una forma de vivir» ha dicho el chef Enrique Olvera, propietario de una de las mejores taquerías de México. Acaso significa que la vida de un ser humano (mexicano) termina por adaptarse a geografía, clima y lengua y producir un taco —no importa dónde, el taco busca nacer, como esas flores que de pronto brotan entre las grietas de un muro o en una improbable banqueta—. «El taco es una forma de comer», dicen otros. Tal vez quieren decir que el taco está buscando comida a su alrededor para atraerla y volverla taco. Si el taco es una forma de comer, cualquier cosa comestible es susceptible de convertirse en taco si le aplicamos su forma. Se puede ser más preciso: el taco no es una forma

de comer sino un modelo, un *template* de una forma de comer. Sobre ese modelo trabajan la inteligencia y la creatividad de innumerables cocineros y cocineras, contribuyendo a la renovación intelectual de esta «forma de comer», creando una base constante sobre la cual trabajar.

¿Cómo sucede esta renovación intelectual? Puede ser desde la recontextualización —mover un taco de su «elemento natural» para colocarlo en un espacio extraño a él, por ejemplo, como sucedió en Pujol hacia el año 2010—. (Hoy la aparición de un taco de barbacoa en el restaurante más caro de la ciudad nos parece lo más normal del mundo; incluso hasta anticuado.) Puede ser, también, desde el replanteamiento, desde la reimaginación, como en el caso de los tacos que no son tacos, que sólo *parecen* tacos o que nos *recuerdan* a tacos. No son visiblemente tacos pero poseen *taquitud*, esa cualidad esencial al ser taco. Puede ser, también, desde el juego, desde el reto o desde la memoria nostálgica o la parodia. El taco se renueva insistentemente. *El taco está en el cerebro*: no en el plato. El taco es una célula que explota.

NOTAS PARA UNA HISTORIA

Nadie sabe ni podrá saber quién comió el primer taco ni cómo quiso llamarlo. Un autor sugiere que ya hubo «carnitas en taco, con tortillas calientes» en el banquete triunfal de Hernán Cortés en la villa de Coyoacán. H. M. Romero propone que la palabra taco deriva de *itacate*, que es el atado de comida para llevar. Sería comodísimo y encantador que el taco naciera con el primer mestizaje de México (¡maíz y puerco!) y que su nombre tuviera origen náhuatl. Lo cierto, hasta donde sabemos, es que el taco y la palabra taco avanzaron en líneas separadas y lentamente convergentes durante varios siglos. La tortilla se utilizó para envolver otros alimentos probablemente desde que fue creada y el significante taco poco a poco fue acercándose a este significado.

Antoine Oudin traduce «taco» al francés en 1607 como *la bourre dequoy on charge les arquebuses ou pistoles*, o sea la baqueta con que se cargan los arcabuces. Taco también significaba un tarugo para apretar algo (Covarrubias, 1611), un palo para jugar billar o trucos (Stevens en 1706: *«A Tack to play at Billiards»*), un martillo de carpintero. El *Diccionario de Autoridades* (1739) agrega esta curiosa acepción: «Entre los bebedores se llaman los tragos de vino, que beben sobre lo que han comido: y así dicen, Echemos quatro tacos.» Para mediados del siglo XIX Ramón Joaquín Domínguez pudo anotar (*Diccionario nacional*) que «taco» significaba «Bocadillo que se toma [...] fuera de las horas de comida, y así se dice: echar un taco.» En las *Escenas andaluzas* está esta frase: «Toma este taco y este trago.» Ahí el taco es una tapa o una botana. Algo de la forma (baqueta) y algo del contexto (la taberna) acercan esos tacos a «nuestro» taco.

Las *Escenas* son de 1847. Todavía para ese año faltaba la aparición de un «taco» en cualquier contexto mexicano. Melchor Ocampo no había incluido la palabra en su compendio vernáculo *Idiotismos hispano-mexicanos* (1844), donde sí aparecen «mole» y «tamal», y tampoco está en *El Cocinero Mexicano* (1831), donde sí hay quesadillas de ahuatle, chalupas de morcón, tlataoyos rellenos, envueltos en pipián y envueltos de Nana Rosa... Los envueltos de Nana Rosa, dice *El Cocinero*, «Se rellenan de huevos revueltos o de picadillo y por encima se adornan con cebolla rebanada, chilitos, aceitunas, almendras mondadas en cuartos, pasas, piñones, pedacitos de acitrón y hebras de carne frita o de jamón magro, también frito.» Leámoslos bien después de casi dos siglos y los envueltos de Nana Rosa *casi* son tacos.

Las líneas de «taco» el platillo y «taco» la palabra por fin se tocan en un poema satírico de 1862. Es una más de las instancias de la poesía contra los glotones. También es una sorna contra Juan Nepomuseno Almonte, que les brindó un gran banquete salamero a los generales franceses Frédéric Forey y M. Dubois de Saligny. (Es el año de la invasión francesa, recuerden; por el que celebramos el 5 de mayo.) En el poema Almonte llama a Forey *tehutli*, «dios». Nadie sale bien parado de aquí:

Estuvo el Teutli Forey
con nosotros muy contento,
comió pipián y tamalli,
temolito con xumiles,
y se hartó de mextlapiles
en sus tacos de tlaxcalli...

«Tacos de tlaxcalli» equivale a decir «tacos de tortilla». La especificación de materia puede querer decir que «taco», la palabra, no estaba necesariamente asociada a la tortilla; era una acepción joven. Todavía en *Los bandidos de Río Frío*, casi treinta años posterior a ese poema, Manuel Payno describe un momento de una fiesta a la virgen de Guadalupe así:

La mayor parte de las familias, al aire libre, formando grupos alegres y con un apetito devorador, arrancando con los dientes los fragmentos sabrosos de una pierna asada de cabra; y los chicos brincando, con sus tacos de tortilla con aguacate en la mano.

Hoy, claro, esos tacos serían simplemente tacos de aguacate.

A finales del siglo XIX ya existían taquerías en la Ciudad de México. Algunas eran nomás una canasta con tacos sudados (o tacos de minero, como se llamaban). Otras, un anafre en una puerta, casi como un refugio. Beatriz Muciño Reyes tenía uno así en la calle de la Cadena, que hoy llamamos Venustiano Carranza; luego lo mudó a lo que hoy es Bolívar y finalmente, en 1907, a la calle Uruguay. Beatricita siguió sirviendo tacos ahí hasta 1945. En 2008 Tacos Beatriz tuvo que cerrar. Fue un mal siglo para todos el siglo XX. Unas cuantas taquerías estaban en el patio de la vecindad y funcionaban como comedores de las familias también. La costumbre persiste.

Como Beatriz, hubo muchas taqueras al principio. La mayoría venía de fuera. Beatriz de San Mateo Tazcaliatac; Esther Torres de Guanajuato. Había taqueras de especialidad jalisciense, toluqueña, veracruzana. La taquería contribuyó a la migración. Alguien, sin agrado, escribió en 1920 que el Paseo de la Alameda era un asunto «de gentes de provincia»: chocolates de Oaxaca, platos de Guadalajara, dulces de Morelia. El arte de la taquería permitía una excursión, una suerte de turismo culinario para quien no podía pagar un viaje.

La taquería, también, era un seguro contra el desempleo. Las taquerías diurnas, que en general vendían tacos de guisos vegetarianos o de pollo, propiciaban la atención de mujeres mientras los hombres «de la casa» trabajaban en cualquier otra cosa. (Doña Beatriz cerraba a las cinco en punto.) Las taquerías nocturnas, con su proclividad al borrachazo y al zipizape, vendían tacos de menudencias de carnes o chicharrones y eran atendidas por hombres, mientras las mujeres de la casa alimentaban a los niños o ejercían otras labores que les eran otorgadas por el maldito patriarcado. La distinción continúa. ¿Existen mujeres que atiendan trompos de pastor u ollones de suadero a la medianoche? ¿Existen hombres que preparen tlacoyos por la mañana? La taquería tradicional es un espacio conservador —un espacio en que es necesario abrir brecha—. Restaurantes como Pujol o Damián están abriéndola. Esto es el principio de la mitad del siglo XXI.

Ten un taquito de sal antes de irte.

¿Dónde está el taco en este momento? En 2011, Pujol —que en ese momento era el mejor restaurante de la Ciudad de México— propuso un menú completamente taquero. Hoy, casi no hay restaurante de «alta cocina» en este país que no tenga al menos un taco en su menú.

Se diría que el aburguesamiento o adecentamiento o gentrificación del taco es una cosa más o menos reciente, pero la verdad es que desde que comenzó a popularizarse en la primera mitad del siglo pasado la *gente decente* ha buscado adaptarlo a su blanca mesa. Hay aburguesamiento por sustitución. Ya en 1903 en *El Diario del Hogar* aparecieron unos paradójicos «taquitos de harina», que se elaboraban no con masa de nixtamal sino con una masa de harina de trigo, mantequilla, crema y royal, que se cubría con azúcar y canela. En el mismo diario, pero en 1908, hay unos «tacos de crema» que piden, en realidad, unas crepas francesas. («Se rellena con postre de leche, crema o alguna conservilla seca y se enrolla como taco.») El taco plebeyo se transforma, por la aparición francesa, en un taco aristócrata. Es la misma sustitución que desde hace décadas algunos restaurantes practican con sus crepas de huitlacoche o, en muchas casas de clase media, se ejerce haciendo «taquitos de jamón», donde la carne sustituye a la tortilla.

Hay aburguesamiento por ornamentación. *El Diario del Hogar*, en los años veinte, recomendaba que los tacos de crema «se coloquen en el platón en forma de pirámide, se cubran con betún de clara de huevo y se adornen con fresas y flores de azahar y violetas». La táctica de adornar (y adecentar) con flores remite inmediatamente a la llamada «nueva cocina mexicana» y su proliferación de pétalos de rosa y a la actual costumbre de adornar el taco aburguesado con una flor de cilantro, de borraja o de mastuerzo.

También hay aburguesamiento por inaccesibilidad. Hacia finales de los años cincuenta el ingeniero Alfonso Gándara creó un molde para fabricar tortillas que prescindía de las prensas tradicionales e, invento en mano, instaló centenas de tortillerías en el país. De pronto el oficio de hacer tortillas a mano se vio como laborioso y digno de atención. Algunos restaurantes respingados de la época hicieron muy visible el hecho de que contrataban tortilleras para hacer tortillas a mano *en vivo*, espectacularmente, en comales de barro. En algunos restaurantes puede verse aún esta curiosidad ligeramente turística.

Más que la torta, más que el tamal, más que cualquier otro plato que podamos imaginar como «mexicano», el taco está avanzando siempre. Adopta las costumbres veleidosas de sus consumidores —la cocina «tecnoemocional», la «vuelta al ingrediente», el «nacionalismo gastronómico»—, cambia, se aferra o se vuelve casi irreconocible. El taco es una obra en gestación.

ALONSO RUVALCABA

NUESTROS TACOS

ASADA

Antes de los tacos, antes de la historia de la cocina, antes de que el *sapiens* fuera *sapiens*, hubo carne asada. Su historia se remonta a la domesticación del fuego por el *Homo erectus* durante la Edad de Piedra. Ahora, meter carne asada a una tortilla, a una masita cocida, es uno de los picos felices de la inteligencia. En todos los minutos de todos los husos horarios, en algún lugar de México se está asando carne frente al fuego, y esa carne será convertida en un taco. En los pasillos de humo de Oaxaca hay ahora mismo un carnicero depositando un tasajo (pedazo de carne seco y salado o acecinado) sobre los fierros y una señora lista para vender sus salsas aparte; en restaurantes descomunales de Monterrey hay cabritos atravesados por un palo y asomados al carbón —cabrito al pastor le dicen allá—; en un puesto de Tijuana alguien le pone un cucharón de aguacate a su taco de asada; en Barra Vieja, cerca de Acapulco, alguien más pone frijoles y pescado zarandeado en una tortilla blanquecina; en Guasave, Sinaloa, una morra se está bajando la borrachera con los primeros tacos de lechón vuelta y vuelta abiertos antes de que amanezca —vienen en tortilla de harina y con un montón de salsa bandera, como le dicen por allá (mezcla de jitomate [tomate], cebolla y chile serrano; otros la llaman «salsa mexicana»; otros «pico de gallo»)—; en un tianguis (mercado) de la Ciudad de México un *wey* acaba de pedir su chorizo argentino en tacos, y los moja con jugo de limón y chimichurri. Todos ellos, todas ellas, llegarán a casa con una sonrisa en la cara, y con el erótico olor del tizne pegado a la ropa.

BAJO TIERRA

Los primeros hornos fueron subterráneos, ya que con las herramientas que tenían era más sencillo cavar que construir. Indígenas recibieron a exploradores del viejo mundo con carnes asadas en hoyos, y esos hoyos, tapados con palos y lodo y ramas y hojas, se llamaban alguna variación de la palabra «barbacoa». El hermoso método de cocinar bajo tierra continúa hasta hoy, y muchas de esas cocciones terminan en un taco. En la región central de México, lo que antes fue tierra pulquera (el pulque es una bebida alcohólica producto de la fermentación de la savia fresca del maguey [agave]), bajo tierra se hornean borregos y sus estómagos rellenos de vísceras, envueltos en hojas de maguey (agave) que han sido suavizadas al fuego unos segundos. Allá en el norte, en las fronteras con Texas, con Nuevo México, con Arizona, bajo la tierra se hornean —también en hojas de maguey (agave)— grandes cabezas de vaca, y sus cachetes se pican chiquititos, se colocan en tortillas de harina y después se mojan con limón y salsa de chile piquín. En los solares del Yucatán, acalorados por el tremendo sol amarillo, se hornean cerdos, pollos y guajolotes (pavos) untados con achiote y otros recados (condimentos), envueltos en hojas tropicales de plátano.

CAPEADOS

Antes se veía a los tacos capeados (rebozados) como un «placer culposo». El placer que derivamos de un taco de filetito de pescado capeado al estilo de Veracruz, de camarón (langostino) capeado al estilo de Rosarito, Baja California —con su repollo y su misteriosa salsa blanca—, de charales y otros pescaditos apenas empanizados al estilo de Michoacán o la zona lacustre del Altiplano, ahora lo sabemos, es un antídoto contra cualquier forma de culpa. En la Ciudad de México, la gran familia de tacos capeados puede dividirse en tres: la de tortitas capeadas, la de chiles capeados y otra que podría llamarse la familia *milanesos*. En las tortitas debe haber quelites (hierbas silvestres) amasados con huevo y empanizados; de papa, de carne de res, de simple huevo. Casi siempre rellenos de queso, los tacos de chiles capeados son un hermoso ejemplo de cocina callejera vegetariana. Los *milanesos* (tacos de carnes empanizadas) son cada vez más abultados e imaginativos: los hay de res, de puerco, de pollo; hay jamón empanizado, queso de puerco empanizado; hay rellenos de queso o de jamón, hay bañados en un fondue delirante y hay también campechanos —milanesa con un guiso—. «¿Lo va a querer con frijoles o con arroz, joven?», «¡Póngale tantito de los dos!» Toda una comida.

CONFIT

En el gran caldero del mundo, en el cazo de cobre primigenio, en la choricera —ese artilugio convexo en cuyas orillas se acumula un líquido y en su centro brilla una plancha— una taquera o un taquero deposita y calienta litros de manteca a fuego medio. Después, coloca en ella trozos de carne y los cuece a paso redoblado. Esto no es *deep-frying*, aunque sea una fritura y sea profunda, esto es confitar: dejar que la grasa penetre en la carne, dejar que la carne infusione esa grasa. Carne y grasa intercambian su ser, se conocen, crean una amistad que pronto será imposible de deshacer y cuya expresión será el taco. El taco de carnitas de cerdo es tal vez su ejemplo más refinado, sean al estilo de Michoacán, en tortilla grande, sin planchar, o al estilo chilango (perteneciente o relativo a la Ciudad de México), en tortillita taquera, pasadas por la plancha. Las carnitas son asimismo un triunfo del glosario taquero: la barriga es un *pork belly* cuadriculado por la mano humana, el bofe es el pulmón, el buche el estómago, la nana es la matriz, el moño los intestinos, el nenepil la panza combinada con el útero... Saber carnitas es una forma de saber español. De la res se confitan el suadero (carne grasa pegada a la parte interior de la piel) y las tripas, y ambos, tras el confit y antes de la tortilla, pasan por la plancha de la choricera (comal para tacos). No es raro enfatizar cuando se pide uno de tripa: «Doradita, por favor». (Es mejor así.) El taco de *cochinada* —el que se hace con los restos acumulados en las orillas de la choricera: longaniza, suadero, chicharrón, confit genérico— puede verse como la quintaesencia de este género. Su sabor dura varios días con sus noches en la boca.

DORADOS/FLAUTAS/ HARD SHELL

Esto sí, al contrario, es *deep-fried*: grasa a toda velocidad, fritura rápida del taco completo. El taquito dorado de fonda suele ser de pollo o papa con una ensalada de lechuga, cebolla y jitomate (tomate) por encima, siempre o casi siempre con salsa fresca. La flauta de flautería tiende a ser de carne de res, mojada con crema (nata) y queso fresco. Hay espacio para el crossover en el taco *deep-fried*, que se puede encontrar en todo el territorio mexicano: en un buen expendio (establecimiento) de barbacoa de borrego del Altiplano siempre se servirá la opción de taco dorado, todo espacio de carnitas (carne de cerdo frita) michoacanas servirá un taco doblado y frito de sesos de marrano llamado agudamente *sesadilla*, en una marisquería tiende a haber dobladitas fritas de camarón (langostino) o de pescado (¡pescadillas!), en algunas taquerías de la Ciudad de México se venden tacos dorados de pastor —en este caso, sin piña—. El taco dorado es un taco sombrilla: cubre géneros y estilos. El taco dorado da la bienvenida.

GUISADOS

Un taco de guisado es la culminación del ingenio comestible, del aprovechamiento. Tres platos existen y llevan sus vidas separadas, como la tuya y la mía. Existe cada uno y los tres son la culminación de una cocina cualquiera. Digamos: arroz rojo es un plato, frijoles refritos son otro y un tercero, casi al azar, chicharrón en salsa verde. (El tercero podría ser bistec en chile pasilla o chile relleno de queso o lengua en salsa de morita o muchos más.) Fueron producidos ayer o antier y servidos cada uno por su parte. Hoy es un día o dos o tres después, y cada uno de esos platos confluye con los otros en uno nuevo: el taco de guisado. El taco de guisado puede ser la combinación de varios platos y, de algún modo, su reciclaje. El taco de guisado es una forma de remix y de traducción, de llevar una cosa de donde estaba a nuevas partes. Es una creación en capas, como un collage —una obra hecha de recortes de otras obras—. Pero, como siempre pasa con collages y remixes, un taco de guisado es una obra litoral, una obra que cuesta trabajo separar, como si nos preguntaran por la separación entre arenas, espuma y agua a la orilla del inmenso mar que siempre está en movimiento.
El taco de guisado es el taco trabajador, el taco móvil, el que va persiguiendo a la banda por la ciudad: llega en una camioneta o en un triciclo hasta la última esquina en el más atrás de los atrases del punto más alto de la loma, o llega a la valla que rodea el sitio en construcción y ahí espera la preciosa hora de almorzar de los trabajadores, cubiertos de un polvo blancuzco que probablemente termine por romperles los pulmones. O, a veces, como con las primeras taqueras de la ciudad, los tacos de guisados simplemente salen afuerita de un zaguán con un comal y unas cazuelas. Un taco de guisado es una comida completa: las dos tortillas, el arroz o los frijoles y el guisado. Es un símbolo de nuestra pobreza y nuestra prisa, de la autocracia del patrón, pero también del brillo de la inteligencia humana.

HORNO

¿Un taco de pollo rostizado es un taco de horno? Esta duda existencial se resuelve comiéndolo: lo es por la fuerza calorífica que le llega al pollo por todos sus lados. (También puede verse como un taco de trompo horizontal, piénsenlo.) El taco de lechón, en especial el de estilo Oaxaca o el de los restaurantes hispano-mexicanos —digamos, el de Casino Español en el centro de la Ciudad de México—, es decididamente de horno, a veces muy jugoso, a veces más bien tendiente a crocante.
La birria (barbacoa de borrego o de chivo) estilo Jalisco se hace en horno a fuego alto, unos 200 °C, y luego se tatema (asa) *à la minuto* en un horno infernal, tan alto como llegue en potencia. En las torterías clásicas de la capital de México, como la Casa del Pavo, el Rey del Pavo o La Rambla, todas nacidas a principios del siglo pasado, el pavo al horno se pasa un momento por la plancha y se sirve en una tortillita de maíz a veces tantito

mojada con una grasa o un consomé. (Hay que pedirlo.) Casi todo puede hacerse en el horno, pero una pierna de puerco en adobo horneada, servida en una tortilla de maíz criollo con unas cuantas plumas de cebolla morada, es uno de los grandes logros de lo que aún nos atrevemos a llamar «cocina mexicana».

PLANCHA

Si hemos de hablar de un método abarcador y unánime, hablemos de la plancha. La *gaonera*, hecha de delicados bistecs de res, es el taco más sencillo y jugoso que se elabora a la plancha: no es nada más que un bistec apenas mojado con su juguito. La *gaonera* está inspirada en Rodolfo Gaona, amo de la plaza de toros hace un siglo. Existe una tradición de taco a la plancha asociada a la tauromaquia. Los tacos estilo villamelón —llamados así por un tipo de falso aficionado a los toros— suelen ser de bistec planchado y picado finísimo, de cecina con longaniza («campechanos») o de cecina con longaniza, chicharrón y chile cuaresmeño (también llamados «costeños»). Existen triciclos que acarrean una plancha y se estacionan en esquinas concurridas de la ciudad. Venden tacos de bistec, de longaniza, campechanos y de alambre, en una brillante mezcla de bistec, tocino, pimientos y cebolla. Suelen sazonarse con papas a la francesa. En todas las ciudades hay puestos de tacos de hígado encebollado —asado rápidamente en la plancha, a veces con chiles serranos en rajas—. Los tacos de embutidos mexiquenses también se hacen a la plancha. Son de obispo, un estómago relleno de vísceras que recuerda en algo al *haggis*; de queso de puerco/*fromage de tête*/*head cheese* sacado del tompiate, una especie de molde de palma trenzada; de cecina apenas seca, apenas salada; y de chorizos varios: almendrado, verde o ligeramente amarillo de habanero. Los buenos puestos y los buenos triciclos de plancha acompañan sus tacos con una salsa de varios chiles y tomates tatemados (asados) y martajados en el molcajete (mortero), que dura y se va rellenando durante el día. *Salsa madre*, le dicen quienes saben de estas cosas.

TROMPO

Este es probablemente el taco más reconociblemente «nacional» de México. Las comillas no son caprichosas: el taco de trompo es hermoso como un museo o una biblioteca, porque en este taco es visible la historia de las migraciones, de la luna menguante del Imperio otomano, del paso de Líbano por México, de las adaptaciones al ganado local y a los adobos locales, de la influencia de la geografía en un platillo. Si lo piensan, bien puede haber sido el primer taco hecho en el mundo. Asar en un *grill* es probablemente el primer método de cocción reconocido como tal. En cuanto existió la masa cocida alguien la rellenó con carne rostizada, de eso no cabe duda. Claro que la primera carne rostizada se coció horizontalmente pero la ingeniería humana pronto la apiló en vertical para aprovechar la gravedad —nadie sabía que la gravedad era la gravedad, esa fuerza universal, pero el más primitivo de los cocineros supo aprovecharla— y mejor controlar la cercanía con el fuego.

El taco de trompo llegó a México como *shawarma*, como kebab, tal vez como *gyro* —todos sobreviven en las cocinas regionales— y luego se adaptó. Conforme avanzó del Líbano al Yucatán, a Puebla, a la Ciudad de México, y perdió su islámica necesidad de cordero, pasó a hacerse de puerco, a adobarse de chiles, a sazonarse con piña. En muchos lados cambió su pan sin levadura por tortilla de maíz. De pronto agregó queso, se colocó entre dos tortillas de harina de trigo y lo llamamos *gringa*, un nombre cargado de etimología folk y leyenda. (Hay *gringas* en pita o pan árabe, suelen llevar queso chihuahua y son deliciosas.) En Tijuana el taco de trompo o taco al pastor se llama de adobada: el idioma español, como el taco mismo, está adaptándose siempre. El taco de trompo es un signo de amistad y de los interminables enlaces que unen a un ser humano con todos los demás. En Puebla hay taquerías que tienen dos trompos que dan hacia la calle, uno color carne, otro color rojizo, ambos calentados por carbón. En la carta dicen: tacos árabes y tacos «estilo CDMX». Es el tipo de convivencia que ahora lleva el nombre de poliamor.

VAPOR

Dicen algunos historiadores que el primer taco que se *vendió* en la Ciudad de México fue el taco de canasta o sudado. Tal vez tengan razón, es fácil ver la conveniencia de salir a vender con una gran canasta que se convierte en vaporera (o sauna) y en la que el apilamiento y el encierro contribuyen a mejorar el sabor del taco a lo largo de la mañana. En Guadalajara, los tacos al vapor no suelen venir en una canasta sino en una olla, pero el principio de sudor acumulatorio por apilamiento es el mismo, como sucede con los tacos de olla al estilo de Monclova, en el norte de México. Los tacos mañaneros de Monterrey —de cabeza o barbacoa— son al vapor, pero no se apilan. En las tiendas de conveniencia de Texas hay *breakfast* tacos envueltos en una especie de aluminio que aprovecha el vapor del propio taco para mantener su reconfortante calorcito. Los tacos de cabeza de res de la Ciudad de México se mantienen calientes gracias al vapor de una especie de baño María tapado con plástico, con la carne y las tortillas por separado, hasta el momento del servicio. ¿Y qué es un *mixiote* sino carne —carnero, pollo, incluso pescado— hecha al vapor y encerrada en una película de la penca del maguey (agave) pulquero, que después se envuelve en una tortilla también calentada al vapor? Sazónenlo con limón, cebolla blanca y chile manzano, y tendrán un clásico taco vaporero de la región pulquera del centro de México.

TACOS
CLÁSICOS

TACOS AL CARBÓN

Tiempo de preparación: 30 minutos, más 1 hora para marinar
Tiempo de cocción: 7 minutos
Rendimiento: 8 piezas

Para la costilla de res:

- ½ pieza de cebolla blanca, cortada en cubos
- 2 dientes de ajo
- 100 ml de aceite vegetal
- 6 piezas de pimienta negra tostada
- 4 piezas de clavo de olor tostado
- ½ cucharadita de orégano molido tostado
- ¼ de cucharadita de sal
- Jugo de 3 piezas de limón
- 300 g de costilla de res sin hueso (tipo bistec)
- 3 cucharaditas de aceite de oliva, para engrasar

Para servir:

- 8 piezas de tortilla de maíz (ver pág. 200)
- Cachetes de limón verde (lima)
- Nuestras salsas (ver págs. 184-197)

Hay que pensar en este taco como un estímulo o una base para la imaginación. Aquí indicamos taco de costilla sin hueso, pero cualquier taquera o taquero que se respete tendrá en su repertorio pechuga de pollo, chuleta de cerdo delgadita, arrachera (corte del vientre de la res), tal vez un nopal (penca de cactus). El mundo es amplio y digno de explorar.

Es fundamental utilizar un asador de carbón para darle al taco su sabor único.

PARA LA COSTILLA DE RES
Tritura en la licuadora todos los ingredientes, con excepción de la costilla de res, hasta obtener una pasta espesa y uniforme. Coloca la carne en un *bowl* grande junto con la mezcla y reposa en el refrigerador, tapado, por 1 hora.

Mientras, precalienta el *grill* a fuego medio. Retira la carne del marinado y llévala a cocción del lado más caliente del *grill* por 2 minutos de cada lado, o hasta que la carne comience a tomar un color más oscuro. Reposa y corta en tiras grandes.

PARA SERVIR
Coloca las tortillas en el *grill*, dando vuelta tras vuelta hasta que se calienten, 2 o 3 minutos. Coloca las tortillas calientes en un plato, cubre con la carne cortada y acompaña con un cachete de limón verde (lima) y alguna de nuestras salsas.

TACOS DE HUMO

Tiempo de cocción: 5 minutos, más 2 horas para ahumar
Rendimiento: 4 piezas

Para la carne:

- Madera, para ahumar (roble, nogal, etc.)
- 225 g de sal
- 120 g de pimienta negra
- 1 kg de *brisket* de res limpio

Para servir:

- 4 piezas de tortilla de maíz (ver pág. 200)
- Pico de gallo (ver pág. 191)
- Hojas de cilantro, sin tallo
- Cachetes de limón verde (lima)

Un taco que ha agarrado popularidad sobre todo en zonas de México —y no se diga de Estados Unidos—, donde se acostumbra a asar en el jardín trasero de la casa. Es importante tener un asador o un ahumador con tapa, para que no deje escapar el humo.

PARA LA CARNE
Precalienta un ahumador o un asador que tenga tapa a 120 °C. Mientras, en un *bowl* mezcla la sal y la pimienta. Añade la carne y masajea con la mezcla, procurando cubrir muy bien todos los espacios. Acomoda la carne dentro (colocando la parte con mayor cantidad de grasa hacia abajo). Cierra la tapa y reposa por 2 horas. Retira la carne del ahumador, corta en láminas delgadas y reserva.

PARA SERVIR
Calienta una sartén mediana a fuego alto 5 minutos. Añade las tortillas por pares, dando vuelta tras vuelta hasta que se calienten. Coloca las tortillas de maíz en un plato, cubre con las láminas de carne y acompaña con el pico de gallo, el cilantro y un cachete de limón verde (lima).

TACOS ARGENTINOS

-30

Tiempo de preparación: 10 minutos
Tiempo de cocción: 7 minutos
Rendimiento: 4 piezas

- 1 cucharada de sal
- 1 cucharada de pimienta negra
- ½ cucharada de ajo en polvo
- 4 piezas de 300 g de bife argentino

Para servir:

- 4 piezas de tortilla de maíz (ver pág. 200)
- Cachetes de limón verde (lima)
- Nuestras salsas (ver págs. 184-197)

Aunque no lo crean, éste es un taco típico de tianguis —palabra de origen náhuatl que quiere decir mercado al aire libre— de la Ciudad de México, particularmente en sábado. Por supuesto, ustedes pueden hacerlo en su domingo de asado. Si tienen a la mano un chimichurri (ver pág. 186), por favor utilícenlo aquí.

Precalienta el *grill* 15 minutos antes de empezar a cocinar a fuego medio.

Mezcla en un *bowl* la sal, la pimienta y el ajo hasta obtener un polvo uniforme. Espolvorea la mezcla sobre la carne, por ambos lados. Lleva al asador en la parte que tenga un fuego medio. Cocina por 2½ minutos para obtener un término medio (todo depende del punto que se desee obtener). Para comprobarlo, atraviesa la carne con un palillo de metal; si no hay resistencia al momento de introducirlo, es momento de retirar la carne del asador.

PARA SERVIR
Calienta una sartén mediana a fuego alto 5 minutos y añade las tortillas, dando vuelta tras vuelta hasta que se calienten, 2 o 3 minutos.

Coloca la carne en un plato, córtala y acompaña con las tortillas, cachetes de limón verde (lima) y alguna de nuestras salsas.

TACOS DE CARNE ASADA ESTILO SONORENSE

TACOS DE CARNE ASADA ESTILO SONORENSE

Tiempo de preparación: 30 minutos
Tiempo de cocción: 40 minutos
Rendimiento: 4 piezas

- 4 piezas de papa enteras
- 4 cucharadas de mantequilla
- 100 g de tocino bien dorado
- 4 cucharadas de perejil picado finamente
- 1 kg de diezmillo de res
- Sal
- Pimienta negra

Para servir:

- 4 piezas de tortilla de harina (ver pág. 149)
- Cachetes de limón verde (lima)

Un taco para comer en una tarde de fiesta, de preferencia en el jardín. La papa no es indispensable, aunque se agradece sobremanera, pero una *cooler* (nevera portátil) con cheves (cervezas), una buena bocina (altavoz) y una *playlist* de norteñas (subgénero de la música regional mexicana popular en el norte de México) sí lo son.

Precalienta el *grill* antes de empezar a cocinar a fuego medio. Precalienta el horno a 180 °C.

Coloca una cacerola con agua fría a fuego alto; introduce las papas con 1 cucharada de sal. Cocínalas por 15 minutos desde que el agua rompa a hervir o hasta que estén suaves. Retira las papas del agua.

Realiza un corte en forma de cruz en cada papa sin cortarla por completo y coloca sobre ella un poco de mantequilla, tocino y perejil. Envuelve cada una en papel aluminio y hornea por 15 minutos.

De regreso al asador, salpimienta el diezmillo generosamente. Identifica el lugar con temperatura media dentro del *grill* y coloca la carne, dando vuelta tras vuelta para evitar que se queme. Pasados 15 minutos, atraviesa la carne con un palillo de metal; si no hay resistencia al introducirlo, es momento de retirar la carne del asador, para después cortarla en medallones de un dedo de grosor. Reserva 2 o 3 minutos.

PARA SERVIR
Calienta una sartén mediana a fuego alto 5 minutos. Añade las tortillas, dando vuelta tras vuelta hasta que se calienten, 2 o 3 minutos. Coloca el medallón de carne en un plato y acompaña con una papa al horno, las tortillas y un cachete de limón verde (lima).

TACOS DE BARBACOA NORTEÑA

TACOS DE BARBACOA NORTEÑA

Tiempo de preparación: 30 minutos, más 2 horas para marinar
Tiempo de cocción: 1 hora
Rendimiento: 4 piezas

Para la carne:

- 10 piezas de chile guajillo, sin venas ni semillas
- 2 piezas de cebolla blanca, cortadas en cubos
- 6 dientes de ajo
- 10 hojas de aguacate tostadas
- 10 piezas de pimienta negra
- 5 piezas de clavo de olor
- ½ cucharada de comino molido tostado
- 1 cucharada de orégano molido tostado
- ½ cucharadita de sal
- 500 g de diezmillo de res
- 6 piezas de hoja de plátano

Para servir:

- 4 piezas de tortilla de harina (ver pág. 149)
- ½ pieza de cebolla blanca, cortada en cubos pequeños
- Hojas de cilantro, picadas
- 4 piezas de cachete de limón verde (lima)
- Nuestras salsas (ver págs. 184-197)

Uno de los capitanes entre los tacos al vapor. En el norte de México, y al otro lado del río en Estados Unidos, son tacos mañaneros, lo cual los puede volver inconvenientes. Sin embargo, la carne puede prepararse la noche anterior y guardarse bien envuelta en el refrigerador. Recaliéntenla al vapor.

PARA LA CARNE
Coloca en una cacerola mediana los chiles, la cebolla, el ajo, las hojas de aguacate y las especias. Cubre con agua y cocina a fuego alto por 7 minutos o hasta que los chiles estén suaves.

Una vez pasado el tiempo, cuela todo y tritura hasta formar una pasta con la cual se marinará el solomillo durante 2 horas en el refrigerador.

Pasado este tiempo, coloca 3 litros de agua en la parte inferior de una olla vaporera y 3 hojas de plátano en la parte superior. Pon la carne marinada con todo el adobo encima y tapa con las hojas restantes. Cocina a fuego medio durante 45 minutos. Deberás ser muy precavido y estar constantemente rellenando el agua de la vaporera para evitar que se queme. Retira la carne de la vaporera, deshébrala y reserva.

PARA SERVIR
Calienta una sartén mediana a fuego alto 5 minutos. Añade las tortillas, dando vuelta tras vuelta hasta que se calienten, 2 o 3 minutos.

Coloca las tortillas en un plato, cubre con la carne de barbacoa en la parte superior. Acompaña con cebolla blanca al gusto, cilantro picado, un cachete de limón verde (lima) y alguna de nuestras salsas.

TACOS COREANOS

Tiempo de preparación: 10 minutos, más 30 minutos para marinar
Tiempo de cocción: 5 minutos
Rendimiento: 6-10 piezas

Para la costilla de cerdo:

- 150 ml de vinagre de arroz
- 100 ml de salsa de soya (soja)
- 100 ml de *mirin*
- 100 ml de sake
- 100 ml de aceite de ajonjolí (sésamo) tostado
- 100 ml de salsa de pescado
- 50 g azúcar
- ¼ de cucharadita de sal
- ¼ de cucharadita de pimienta negra
- 600 g de costilla de cerdo deshuesada en láminas delgadas

Para servir:

- 10 hojas de lechuga
- 2 cucharadas de *kimchi* (opcional)

La cocina coreana y la cocina chilanga (perteneciente o relativa a la Ciudad de México) se dan un abrazo que se extiende alrededor de medio mundo. Los sabores, los aromas y las formas —¿qué es un *saam* sino un taco y qué es un taco sino una forma de *saam*?— son compartidos, sólo hay pequeños detalles que las distinguen. Pusimos *kimchi* como «opcional», pero hay buen *kimchi* en donde sea que estén leyendo esto: consíganlo.

PARA LA COSTILLA DE CERDO
Coloca en un *bowl* todos los ingredientes líquidos junto con el azúcar, y mezcla todo muy bien con ayuda de un batidor de globo.

En una tabla, golpea levemente la carne con el cuchillo, sin llegar al punto de cortarla; esto ayudará a que absorba el marinado más fácilmente. Integra la carne en un *bowl* con el líquido anterior. Marina por 30 minutos en el refrigerador.

Calienta una sartén 5 minutos a fuego medio. Cocina las láminas de carne con 1 cucharadita del adobo en intervalos de 2 o 3 minutos por lado (sé precavido y barniza la carne constantemente con el adobo) hasta que esté suave y la salsa espese.

PARA SERVIR
Coloca las hojas de lechuga en forma de taza, rellena con la carne y acompaña con *kimchi*, si utilizas.

TACOS DE COCHINITA DE YUCATÁN

TACOS DE COCHINITA DE YUCATÁN

Tiempo de preparación: 20 minutos, más 2 horas para marinar
Tiempo de cocción: 1 hora 40 minutos
Rendimiento: 4 piezas

Para la cochinita pibil:

- 4 piezas de hoja de plátano
- 1 kg de espaldilla de cerdo deshuesada
- 1 pieza (1,5 kg) de piña mediana, limpia y asada
- 1 pieza de cebolla blanca grande asada
- 20 piezas de pimienta negra tostada
- 10 piezas de clavo de olor tostado
- 3 dientes de ajo asados
- 2 cucharadas de sal
- 1 cucharada de orégano molido tostado
- 1 cucharadita de semillas de comino molido tostado
- 250 g de achiote
- 300 ml de vinagre blanco
- Jugo de 10 piezas de naranja agria

Para servir:

- 4 piezas de tortilla de maíz (ver pág. 200)
- Cebolla morada encurtida (ver pág. 190)
- Cilantro fresco, picado
- 4 piezas de cachete de limón verde (lima)

Nótese que en el título de esta receta se encuentra la palabra Yucatán. En esa zona, la naranja agria es un ingrediente extremadamente común. En otras zonas donde no esté tan a la mano, puede sustituirse por una mezcla de jugo de naranja común y vinagre.

PARA LA COCHINITA PIBIL
Coloca un refractario (fuente de horno) hondo con una hoja de plátano y añade la carne.

Tritura el resto de los ingredientes hasta conseguir una pasta uniforme y espesa (ayúdate con un poco de agua de ser necesario). Vierte el adobo sobre la carne y tapa con el resto de las hojas de plátano. Marina por 2 horas en el refrigerador.

Precalienta el horno a 200 °C. Hornea todo por 1½ horas o hasta que la carne esté suave. Retira la carne del horno y deshébrala.

PARA SERVIR
Calienta una sartén a fuego alto 5 minutos y añade las tortillas, dando vuelta tras vuelta hasta que se calienten, 2 o 3 minutos. Coloca las tortillas en un plato, cubre con la carne y acompaña con la cebolla morada encurtida, el cilantro al gusto y el limón verde (lima).

TACOS DE BARBACOA

Tiempo de preparación: 20 minutos
Tiempo de cocción: 2 horas 20 minutos
Rendimiento: 4 piezas

Para la carne:

- 10 piezas de jitomate (tomate) rojo
- 10 piezas de chile guajillo, sin venas ni semillas
- 5 piezas de chile ancho, sin venas ni semillas
- 5 piezas de chile de árbol secos
- 2 piezas de cebolla blanca, cortadas en cubos
- 6 dientes de ajo
- 10 piezas de pimienta negra
- 5 piezas de clavo de olor
- 1 cucharada de orégano molido tostado
- ½ cucharada de comino molido
- 1 cucharada de sal
- 2 cucharadas de aceite de oliva
- 600 g de suadero de res
- 10 piezas de hoja de plátano tostadas

Para servir:

- 4 piezas de tortilla de maíz (ver pág. 200)
- ½ pieza de cebolla blanca, picada finamente
- Hojas de cilantro, picadas
- Cachetes de limón verde (lima)
- Nuestras salsas (ver págs. 184-197)

Ésta es la barbacoa como hablamos de ella en la región pulquera del centro de México. Normalmente se haría en un hoyo y envuelta en una hoja del maguey (agave), pero para facilitarles la vida, pedimos hacerla en el horno y envuelta en una hoja de plátano. El suadero de res (carne grasa pegada a la parte interior de la piel) también la hace más asequible.

PARA LA CARNE
En una cacerola grande, coloca todos los ingredientes del adobo, con excepción de la sal, el aceite, la carne y las hojas de plátano, cubriéndolos con agua para llevarlos a cocción a fuego alto por 7 minutos. Baja el fuego y cuécelos hasta que los chiles se encuentren suaves. Una vez que todo esté cocido, escúrrelo y licua con un poco de agua de ser necesario hasta obtener un adobo. Sazona con sal y reserva.

Precalienta el horno a 200 °C.

Calienta una cacerola grande a fuego alto y engrasa con el aceite. Una vez caliente, sella la carne dándole 5 minutos a cada cara de la carne hasta que tenga un color dorado.

En un refractario (fuente de horno), coloca la mitad de las hojas de plátano, la carne y la mezcla triturada. Agrega agua hasta cubrir todo y termina con el resto de las hojas de plátano, así como una última capa de papel aluminio para llevar todo al horno por 2 horas hasta que esté suave. Deshebra la carne y reserva.

PARA SERVIR
Calienta una sartén a fuego alto 5 minutos y añade las tortillas, dando vuelta tras vuelta hasta que se calienten, 2 o 3 minutos. Coloca las tortillas en un plato. Cubre con un trozo de carne y acompaña con cebolla blanca y cilantro al gusto, un cachete de limón verde (lima) y alguna de nuestras salsas.

TACOS DE PESCADO ESTILO BAJA

TACOS DE PESCADO ESTILO BAJA

Tiempo de preparación: 20 minutos
Tiempo de cocción: 15 minutos
Rendimiento: 4 piezas

Para el pescado rebozado:

- 500 ml de aceite vegetal para fritura
- 400 g de harina de trigo
- 1 cucharadita de polvo para hornear
- 1 pizca de sal
- 1 pizca de pimienta negra
- 4 filetes de pescado blanco, cortado en tiras, sin espinas ni piel

Para la ensalada de col:

- ¼ de pieza de col morada, cortada en tiras
- Cebolla morada, cortada en pluma
- 1 pieza de jitomate (tomate) cortado en cubos
- 2 cucharadas de mayonesa (ver pág. 184)
- Jugo de 1 pieza de limón verde (lima)
- 1 pizca de sal

Para servir:

- 4 piezas de tortilla de maíz (ver pág. 200)
- 4 piezas de cachete de limón verde (lima)
- Nuestras salsas (ver págs. 184-197)

Un taco completamente clásico de la cocina del noroeste de México. Ésta es la versión más accesible al cocinero o la cocinera doméstica; en otras se utiliza cerveza clara o agua con gas en la zona de ingredientes líquidos del rebozado.

PARA EL PESCADO REBOZADO
Calienta una cacerola mediana con el aceite vegetal a fuego medio hasta que alcance una temperatura de entre 160 y 180 °C.

En un *bowl*, coloca todos los ingredientes secos del rebozado y mezcla con un batidor de globo, integrando 400 ml de agua en forma de hilo hasta obtener una mezcla homogénea. Pasa el pescado por la mezcla de harina con ayuda de unas pinzas y lleva a fritura. Cocina por 4 o 5 minutos o hasta que la mezcla esté dorada. Retira con unas pinzas y quita el exceso de grasa con papel absorbente.

PARA LA ENSALADA DE COL
Adereza la col, la cebolla morada y el jitomate (tomate) con la mayonesa, el jugo de limón verde (lima) y la sal en un *bowl*.

PARA SERVIR
Calienta una sartén a fuego alto 5 minutos y añade las tortillas, dando vuelta tras vuelta hasta que se calienten, 2 o 3 minutos. Coloca las tortillas en un plato. Cubre con un trozo de pescado rebozado y acompaña con ensalada de col, un cachete de limón verde (lima) y alguna de nuestras salsas.

TACOS DE PESCADO ESTILO SINALOA

TACOS DE PESCADO ESTILO SINALOA

Tiempo de preparación: 20 minutos
Tiempo de cocción: 15 minutos
Rendimiento: 4 piezas

Para el pescado rebozado:

- 500 ml de aceite vegetal para fritura
- 400 g de harina de trigo
- 1 cucharadita de polvo para hornear
- 1 pizca de sal
- 1 pizca de pimienta negra
- 1 pieza de huevo
- 400 ml de agua o cerveza
- 4 filetes de pescado blanco (de preferencia cazón)

Para servir:

- ¼ de pieza de col morada, cortada en tiras
- 2 cucharadas de mayonesa (ver pág. 184)
- Jugo de 1 pieza de limón verde (lima)
- 1 pizca de sal
- 4 piezas de tortilla de harina (ver pág. 201)
- ¼ de pieza de aguacate sin piel ni hueso, picada finamente
- Pico de gallo (ver pág. 191)
- 4 piezas de cachete de limón verde (lima)
- Salsa sinaloense (ver pág. 189)

Sinaloa se ubica en el noroeste de México. En este caso, el taco lo hacen, más que su relleno, sus acompañantes: sin col morada, sin pico de gallo, sin aguacatito y sobre todo sin mayonesa, nomás no sería sinaloense. La tortilla de harina, al estilo del norte de México, también es esencial.

PARA EL PESCADO REBOZADO
Calienta una cacerola mediana con el aceite vegetal a fuego medio hasta que alcance una temperatura de entre 160 y 180 °C.

En un *bowl*, coloca todos los ingredientes secos del rebozado. Con ayuda de un batidor de globo, integra el huevo y el agua o la cerveza en forma de hilo. Continúa moviendo todo hasta obtener una pasta homogénea.

Pasa el pescado por la mezcla de rebozado quitando el exceso, para después llevarlo a la fritura por 4 o 5 minutos o hasta que la mezcla esté dorada. Retira con unas pinzas y quita el exceso de grasa con papel absorbente.

PARA SERVIR
Mezcla la col con la mayonesa, el jugo de limón verde (lima) y la sal en un *bowl*.

Calienta una sartén a fuego alto 5 minutos y añade las tortillas, dando vuelta tras vuelta hasta que se calienten, 2 o 3 minutos. Coloca las tortillas en un plato extendido y cubre con 1 pieza de pescado frito. Acompaña con la ensalada de col, aguacate, pico de gallo, un cachete de limón verde (lima) y alguna de nuestras salsas sinaloenses.

TACOS CAPEADOS

-30

Tiempo de preparación: 20 minutos
Tiempo de cocción: 7 minutos
Rendimiento: 4 piezas

Para la carne:

- 1 l de aceite vegetal para fritura
- 200 g de harina de trigo
- 1 cucharada de pimienta negra
- 1 cucharada de orégano seco
- ½ cucharada de comino molido
- ½ cucharada de sal
- ½ cucharada de ajo en polvo
- 2 piezas de huevo batidos
- 500 g de pan molido
- 1 kg de milanesa de res, cortada en tiras finas

Para servir:

- 4 piezas de tortilla de maíz (ver pág. 200)
- 120 g de pasta de frijoles refritos calientes
- Guacamole (ver pág. 190)
- 4 piezas de cachete de limón verde (lima), opcional

El taco de milanesa (carne de res rebozada) es una constante en el puesto de tacos de guisados, como si se tratara de un hermano mal portado que se niega a bañarse en salsa, pero ahí está, incólume. Pueden acompañarlo, como en esta receta, con un unto de frijoles refritos, pero también —como en cualquier otro típico taco de guisado— con un poco de arroz rojo.

PARA LA CARNE
Calienta una cacerola mediana con el aceite vegetal a fuego alto hasta que alcance una temperatura de 140 °C.

En un *bowl*, mezcla la harina con la pimienta, el orégano, el comino, la sal y el ajo en polvo. Coloca los huevos batidos en un segundo *bowl* y el pan molido en un tercero.

Pasa la carne por la harina, después por el huevo y por último por el pan molido. Repite el proceso hasta terminar toda la carne. Sumerge la carne en el aceite caliente por 5 minutos, hasta que adquiera un color dorado. Con ayuda de un colador, retira la carne del aceite y elimina el exceso de aceite con papel absorbente.

PARA SERVIR
Calienta una sartén a fuego alto 5 minutos y añade las tortillas, dando vuelta tras vuelta hasta que se calienten, 2 o 3 minutos. Coloca las tortillas en un plato, cubre con la milanesa y 1 cucharada de frijoles, y acompaña con el guacamole, así como un cachete de limón verde (lima).

TACOS VEGANOS

Tiempo de preparación: 30 minutos, más 20 minutos para reposar
Tiempo de cocción: 20 minutos
Rendimiento: 4 piezas

Para las milanesas veganas:

- 1 l de aceite vegetal para fritura, y un poco más para hidratar
- 500 g de harina de trigo de fuerza, y un poco más para el rebozado
- 20 g de levadura fresca
- 1 cucharada de azúcar
- 500 g de pan molido
- 10 piezas de clavo de olor molido
- 1 cucharada de comino molido
- 1 cucharada de orégano molido
- 1 pizca de sal

Para servir:

- 4 piezas de tortilla de maíz (ver pág. 200)
- ½ pieza de cebolla blanca, picada finamente
- Hojas de cilantro picado
- Cachetes de limón verde (lima)
- Nuestras salsas (ver págs. 184-197)

Estos tacos pueden ser vistos como un lienzo. Si se les agregara papa rallada cocida, serían de «tortita de papa»; tal vez podrían coreanizarse si se les agregara cebolleta salteada —*scallion pancake tacos, anyone?*— o darles la vuelta completa y desveganizarse con carne deshebrada de res. Agregándoles caldillo de tomate ya son tacos de «tortitas de carne», clásicos de la cocina casera de la Ciudad de México. Todo taco es la promesa de otro taco.

PARA LAS MILANESAS VEGANAS
Calienta una cacerola con el aceite vegetal a fuego alto hasta que alcance una temperatura de 140 °C.

Para esta receta será necesario utilizar una batidora. Coloca la harina, la levadura fresca y el azúcar con 250 ml de agua. Mezcla a velocidad media durante 20 minutos, para después colocar la masa en un *bowl* para darle reposo, cubierta con un trapo húmedo, por 20 minutos.

Coloca la masa en una mesa con un poco de harina para evitar que se pegue. Porciona en 4 bolitas para después aplastarlas de forma irregular, similar a una milanesa de res.

Empaniza las milanesas. Para ello, mezcla el pan molido con las especias. Con ayuda de la mano, hay que humedecer ligeramente las milanesas con un poco de aceite para después pasarlas por pan molido, cubriendo muy bien cada espacio.

Sumerge las milanesas veganas en el aceite durante 5 minutos o hasta que adquieran un color dorado, dándoles una vuelta. Retira con unas pinzas y, con ayuda de papel absorbente, elimina el exceso de aceite.

PARA SERVIR
Calienta una sartén a fuego alto 5 minutos y añade las tortillas, dando vuelta tras vuelta hasta que se calienten, 2 o 3 minutos. Coloca las tortillas en un plato, cubre con una milanesa vegana (puede ir cortada en tiras) y acompaña con cebolla picada, cilantro al gusto, un cachete de limón verde (lima) y alguna de nuestras salsas.

TACOS AL PASTOR DORADO

TACOS AL PASTOR DORADO

-30

Tiempo de preparación: 20 minutos
Tiempo de cocción: 7 minutos
Rendimiento: 4 piezas

- Aceite vegetal para fritura
- 300 g de carne al pastor (ver pág. 104 [Tacos al pastor])
- 4 piezas de tortilla de maíz (ver pág. 200)
- 3 piezas de tunas (higos chumbos) asadas
- ½ pieza de cebolla blanca, cortada en pluma
- 2 piezas de jitomate (tomate) rojo, cortadas en cubos pequeños
- 5 ramitas de cilantro fresco, picado con tallo
- Jugo de 1 pieza de limón verde (lima)
- 1 pizca de sal

Para servir:

- 4 piezas de cachete de limón verde (lima)
- Nuestras salsas (ver págs. 184-197)

Una variedad no demasiado común del taco al pastor, pero igualmente sabrosa —tal vez más, por la agregada textura crujiente—. Fuera de casa aparece en montañas de tacos en unas cuantas escogidas taquerías del centro de la Ciudad de México.

Calienta una sartén mediana con abundante aceite a fuego bajo.

Calienta otra sartén mediana a fuego alto 5 minutos y añade las tortillas, dando vuelta tras vuelta hasta que se calienten, 2 o 3 minutos.

Rellena las tortillas con la carne de pastor, para después enrollarlas, procurando que los tacos queden bien apretados.

En un *bowl*, adereza las tunas (higos chumbos) asadas, la cebolla, el jitomate (tomate) y el cilantro con el jugo de limón verde (lima) y la sal.

Fríe los tacos por 5 minutos o hasta que se vean dorados. Una vez dorados, retira del aceite con unas pinzas y elimina el exceso de grasa con papel absorbente.

PARA SERVIR

Coloca los tacos en un plato extendido, cubre con la ensalada de tunas (higos chumbos) y acompaña con un cachete de limón verde (lima) y alguna de nuestras salsas.

TACOS DE TRIPA

TACOS DE TRIPA

Tiempo de preparación: 20 minutos
Tiempo de cocción: 1 hora
Rendimiento: 4 piezas

Para la carne:

- 500 g de tripa de res limpia
- 500 ml de leche entera de vaca
- ¼ de pieza de cebolla blanca, cortada en cubos
- 3 dientes de ajo
- 5 hojas de laurel seco
- 3 ramitas de tomillo seco
- 3 ramitas de mejorana seca
- ¾ de cucharadita de sal
- 500 g de manteca de cerdo o aceite vegetal

Para servir:

- 4 piezas de tortilla de maíz (ver pág. 200)
- 500 g de tripa de res cocida
- ½ pieza de cebolla, cortada en cubos
- 6 ramitas de cilantro, picado no tan fino
- 4 piezas de cachete de limón verde (lima)
- Nuestras salsas (ver págs. 184-197)

La tripa en este taco pasa por dos cocciones —la segunda es un confit rápido—, pero algunos y algunas especialistas, en la taquería, suelen pedir una tercera cocción, un doradito final sobre la plancha, sólo en nombre de la textura. Ahí ponemos la idea sobre la mesa. Por si acaso.

PARA LA CARNE

Coloca todos los ingredientes de la carne en una cacerola grande, con excepción de la manteca o el aceite, y agrega 1 litro de agua. Cuando rompa el hervor, baja el fuego y cocina por 30 minutos, tapado, o hasta que la carne se sienta muy suave. Retira la carne del líquido y reserva.

Calienta una cacerola mediana con la manteca o el aceite a fuego medio, agrega la carne y cubre con agua. Cocina por 10 minutos.

Sube el fuego y cocina por 5 minutos, moviendo todo constantemente para que no se queme. Cocina por 10 minutos más o hasta que la carne adquiera un tono dorado. Retira del líquido la carne con unas pinzas y, con ayuda de una tabla, corta en trozos no muy finos.

PARA SERVIR

Calienta una sartén a fuego alto 5 minutos y añade las tortillas, dando vuelta tras vuelta hasta que se calienten, 2 o 3 minutos. Coloca las tortillas en un plato, cubre con la carne y acompaña con cebolla, cilantro al gusto, un cachete de limón verde (lima) y alguna de nuestras salsas.

TACOS DE CARNITAS ESTILO MICHOACÁN

TACOS DE CARNITAS ESTILO MICHOACÁN

Tiempo de preparación: 20 minutos
Tiempo de cocción: 1 hora
Rendimiento: 4 piezas

Para las carnitas:

- 500 g de manteca de cerdo
- 1 kg de carne de cerdo (pierna, costillar)
- Jugo de 500 g de naranja agria (también ocuparemos las cáscaras)
- 100 g de azúcar
- 4 dientes de ajo
- 2 piezas de cebolla blanca, cortadas en cubos
- 20 hojas de laurel seco
- 10 piezas de clavo de olor
- 10 ramitas de tomillo
- 10 ramitas de mejorana
- 1 cucharada de pimienta negra
- ¼ de cucharadita de sal

Para servir:

- 4 piezas de tortilla de maíz (ver pág. 200)
- Hojas de cilantro, picadas
- ½ pieza de cebolla blanca, cortada en cubos pequeños
- Cachetes de limón verde (lima)
- Nuestras salsas (ver págs. 184-197)

Es cierto que pueden sustituir el cazo de cobre que pedimos para esta receta —y que es típico de las minas de cobre del estado de Michoacán— por una olla cualquiera. Pero en verdad háganse con un cazo de cobre: no son particularmente caros, sirven para todo tipo de estofados o *confits* y les durarán probablemente toda la vida, y varias generaciones posteriores. Ayudan a que la temperatura se distribuya de manera uniforme.

PARA LAS CARNITAS
Lleva a fuego medio una cacerola grande, preferentemente de cobre, con la manteca. Agrega todos los ingredientes y, cuando rompa el hervor, baja el fuego y cocina por 1 hora o hasta que la carne esté completamente suave. Como recomendación, procura mover todo con una cuchara de madera para evitar que se queme.

Una vez pasado el tiempo, retira la carne de la manteca. Con ayuda de un colador, quita el exceso de grasa, para después retirar los huesos y cortarla en trozos uniformes.

PARA SERVIR
Calienta una sartén a fuego alto 5 minutos y añade las tortillas, dando vuelta tras vuelta hasta que se calienten, 2 o 3 minutos. Coloca las tortillas en un plato, cubre con la carne picada y acompaña con cilantro, cebolla, limón verde (lima) y alguna de nuestras salsas.

TACOS DE CARNITAS CHILANGAS

TACOS DE CARNITAS CHILANGAS

Tiempo de preparación: 20 minutos
Tiempo de cocción: 1 hora
Rendimiento: 4 piezas

Para las carnitas:
- 1 kg de manteca de cerdo
- 500 g de carne de cerdo (pierna, costillar)
- 20 hojas de laurel seco
- 1 cucharada de pimienta negra
- 10 piezas de clavo de olor
- 10 ramitas de tomillo
- 10 ramitas de mejorana
- 2 piezas de cebolla blanca, cortadas en cubos
- 4 dientes de ajo
- ¼ de cucharadita de sal

Para servir:
- 4 piezas de tortilla de maíz (ver pág. 200)
- 10 ramitas de cilantro, picadas
- ½ pieza de cebolla blanca, cortada en cubos pequeños
- Cachetes de limón verde (lima)
- Nuestras salsas (ver págs. 184-197)

La preparación de las carnitas en la Ciudad de México ha pasado por un proceso de «urbanización» que ha llevado a utilizar algunos ingredientes distintos a los de la receta original, como la Fanta en lugar del jugo de naranja, por ejemplo. En Cosme, utilizamos leche Carnation y Coca-Cola para prepararlas, como se hacía en Pujol hace unos años.

PARA LAS CARNITAS
Lleva a fuego medio una cacerola grande, preferentemente de cobre, con la manteca. Agrega todos los ingredientes y, cuando rompa el hervor, baja el fuego y cocina por 1 hora o hasta que la carne esté completamente suave.

Una vez pasado el tiempo, retira la carne de la manteca con ayuda de un colador, para después retirar el exceso de grasa con papel absorbente, retirar los huesos y cortar la carne en cubos grandes.

PARA SERVIR
Calienta una sartén a fuego alto 5 minutos y añade las tortillas, dando vuelta tras vuelta hasta que se calienten, 2 o 3 minutos. Coloca las tortillas en un plato, cubre con la carne y acompaña con cilantro, cebolla al gusto, limón verde (lima) y alguna de nuestras salsas.

TACOS DE CHICHARRÓN ESTILO MONTERREY

TACOS DE CHICHARRÓN ESTILO MONTERREY

Tiempo de preparación: 20 minutos, más 1 hora para marinar
Tiempo de cocción: 30 minutos
Rendimiento: 4 piezas

Para los chicharrones:

- 1 l de leche de vaca entera
- 1½ cucharaditas de ajo en polvo
- 1½ cucharaditas de cebolla en polvo
- ¼ de cucharadita de comino molido
- ¼ de cucharadita de pimienta negra
- ¾ de cucharadita de sal
- 120 ml de vinagre blanco
- 500 g de papada de cerdo limpia en tiras gruesas
- 500 g de manteca de cerdo

Para servir:

- 4 piezas de tortilla de maíz (ver pág. 200)
- Pico de gallo (ver pág. 191)
- Guacamole (ver pág. 190)
- Cachetes de limón verde (lima)

Este chicharrón, sorprendentemente fácil de hacer, es una variación del típico chicharrón de fin de semana listo en la carnicería regia —esté o no esté en Monterrey— para un sábado o domingo de partido Tigres contra Rayados. En algunas carnicerías se vende en bolsas para llevar comiendo. Su portabilidad es esencial. Tantito limón, también.

PARA LOS CHICHARRONES
En la licuadora tritura muy bien todos los ingredientes, con excepción de la carne y la manteca, para después agregar esta mezcla a la carne. Deja marinar por 1 hora en refrigeración.

Una vez pasado el tiempo, precalienta el horno a 200 °C.

Cuela la carne, retira el exceso de humedad con papel absorbente y colócala en un refractario (fuente de horno). Cubre con un poco de aluminio y hornea por 20 minutos o hasta que la carne esté cocida. Retira del horno y reserva.

Calienta una cacerola mediana a fuego medio y agrega la manteca. Cuando alcance una temperatura de 140 °C, será momento de vaciar los trozos de papada. Cocina por 7 minutos o hasta que la carne adquiera un tono dorado. Retira del aceite el para entonces chicharrón y deja reposar en papel absorbente para eliminar el exceso de aceite.

PARA SERVIR
Calienta una sartén a fuego alto 5 minutos y añade las tortillas, dando vuelta tras vuelta hasta que se calienten, 2 o 3 minutos. Coloca en un plato los chicharrones, el pico de gallo y el guacamole, y acompaña con las tortillas y un cachete de limón verde (lima).

TACOS DE SUADERO

Tiempo de preparación: 20 minutos
Tiempo de cocción: 45 minutos
Rendimiento: 8 piezas

Para la carne:

- 500 g de suadero de res
- 1 pieza de cebolla blanca, cortada en cubos
- 3 dientes de ajo
- 10 hojas de laurel seco
- 5 ramitas de tomillo seco
- 1 cucharada de sal
- 500 ml de aceite vegetal

Para servir:

- 8 piezas de tortilla de maíz (ver pág. 200)
- ½ pieza de cebolla blanca, cortada en cubos pequeños
- Cilantro, picado
- Cachetes de limón verde (lima)
- Nuestras salsas (ver págs. 184-197)

Existen diversos tacos de suadero —éste se caracteriza por freír la carne en su propia grasa (como en las carnitas)—, pero la variedad tiene más que ver con la calidad de la carne que con la cantidad de recetas existentes. Nosotros cuidamos mucho no sólo su calidad, sino el término y la temperatura de la cocción, y luego servimos los tacos de una manera muy tradicional. Aquí la parte creativa se encuentra, por una lado, en el jardín (en el que solemos emplear otros ingredientes, en vez de los acostumbrados cilantro y cebolla), y por la otra, en una buena salsa.

Éste es el taco esencial de la Ciudad de México y tal vez la razón por la que todos y todas estamos aquí. El jardín de cebolla y cilantro crudos es fundamental, el jugo de limón verde (lima) en el último segundo antes de la mordida es lo que lo hace chilango. Pusimos que lo acompañen «con alguna de nuestras salsas», pero la verde hervida con serrano (ver pág. 194) es canon.

PARA LA CARNE

Coloca todos los ingredientes para la carne en una olla exprés, cubre con agua y cocina a fuego alto por 30 minutos. Una vez que la olla liberó todo el vapor, cuela la carne.

Coloca una cacerola grande a fuego medio alto, agrega el aceite vegetal, así como la misma proporción de agua. Una vez que la mezcla comience a hervir, agrega la carne y cocina de 10 a 15 minutos. Con ayuda de una tabla, corta la carne en trozos grandes.

PARA SERVIR

Calienta una sartén a fuego alto 5 minutos y añade las tortillas, dando vuelta tras vuelta hasta que se calienten, 2 o 3 minutos. Coloca las tortillas en un plato, cubre con carne de suadero y acompaña con cebolla, cilantro al gusto, un cachete de limón verde (lima) y alguna de nuestras salsas.

TACOS DE PANZA DE CERDO

TACOS DE PANZA DE CERDO

Tiempo de preparación: 20 minutos
Tiempo de cocción: 30 minutos
Rendimiento: 4 piezas

- 500 g de *pork belly*
- 1 cucharada de sal
- 2 l de aceite vegetal

Para servir:
- 4 cucharadas de salsa de ciruela dulce
- 4 piezas de tortilla de harina (ver pág. 201)
- 1 pepino fresco, cortado en láminas delgadas
- Cebollín (cebollino) picado
- 4 piezas de cachete de limón verde (lima)
- Nuestras salsas (ver págs. 184-197)

Este taco es una variación del *castacán* yucateco: trozos de la panza con algo de la piel adherida. Se sirve con una ensalada fresca, que es realmente una parte importante de los tacos. El jardín, finalmente, es un elemento que aporta mucha frescura.

Coloca la carne en una olla exprés, cubre con agua y cocina por 20 minutos a temperatura media, para posteriormente colar.

Calienta una cacerola mediana a fuego bajo con el aceite. Cuando alcance una temperatura de 140 °C, será el momento de vaciar los trozos de *pork belly*. Fríe por 5 minutos o hasta que la carne esté dorada. Retira la carne del aceite con un colador y elimina el exceso de aceite con un trozo de papel absorbente. Corta en trozos pequeños.

PARA SERVIR
En un *bowl* mezcla la carne con la salsa de ciruela dulce.

Calienta una sartén a fuego alto 5 minutos y añade las tortillas, dando vuelta tras vuelta hasta que se calienten, 2 o 3 minutos. Coloca las tortillas en un plato, cubre con el *pork belly* y acompaña con pepino, cebollín (cebollino) al gusto, un cachete de limón verde (lima) y alguna de nuestras salsas.

TACOS DE PATO

TACOS DE PATO

Tiempo de preparación: 20 minutos, más 5 horas para secar
Tiempo de cocción: 1 hora 30 minutos
Rendimiento: 10 piezas

- 1 pato limpio
- 3 piezas de anís estrella
- 1 cucharada de canela molida
- 1 cucharada de pimienta negra
- 1 cucharada de jengibre, picado finamente
- ¼ de cucharadita de sal
- 2 dientes de ajo, picados finamente
- 6 cucharadas de miel
- 2 cucharadas de vinagre de arroz
- 1 cucharada de salsa de soya (soja)

Para servir:
- 10 piezas de tortilla de harina (ver pág. 201)
- Nuestras salsas (ver págs. 184-197)

En este taco, inspirado en la cocina de barrio chino, la tortilla de harina de trigo puede ser sustituida por esos papelillos de harina de arroz que se encuentran en el pasillo asiático de cualquier mercado. Además de alguna de nuestras salsas, pueden servirse con un poco de *hoisin* comercial. El caso es buscarle.

Es muy importante que el pato ya se encuentre limpio, pues para esta receta será necesario dejarlo secar en un espacio seco y ventilado por al menos 5 horas o hasta que la piel esté muy seca al tacto.

Coloca una sartén mediana a fuego medio y agrega el resto de los ingredientes. Añade 2 cucharadas de agua. Con ayuda de una palita para cocina, mueve todo muy bien por 5 o 7 minutos o hasta que se forme un jarabe color marrón.

Precalienta el horno a 200 °C. Coloca el pato en una charola (bandeja) con rendijas (rejilla) sobre un recipiente para hornear y báñalo con la mezcla caliente anterior.

Cocina por 15 minutos a esa temperatura, destapado, para posteriormente disminuirla a 150 °C. Hornea el pato por 1 hora, bañándolo constantemente con la mezcla de miel cada 10 minutos. Pasado el tiempo y con ayuda de un palillo de metal, pincha el pato. Si el palillo entra sin ninguna resistencia, puedes sacar el pato del horno; si no, será necesario cocerlo 5 minutos más hasta pasar la prueba.

PARA SERVIR
Calienta una sartén a fuego alto 5 minutos y añade las tortillas, dando vuelta tras vuelta hasta que se calienten, 2 o 3 minutos. Coloca el pato completo en un plato lo suficientemente grande sin el jugo de cocción. Acompaña con las tortillas y alguna de nuestras salsas.

TACOS DE CARNITAS DE FOCO

TACOS DE CARNITAS DE FOCO

Tiempo de preparación: 20 minutos
Tiempo de cocción: 1 hora
Rendimiento: 8 piezas

Para las carnitas:

- 300 g de manteca de cerdo
- 200 ml de aceite vegetal
- Jugo de 500 g de naranja (también ocuparemos las cáscaras)
- 100 g de azúcar
- ½ pieza de cebolla blanca, cortada en cubos
- 4 dientes de ajo
- 10 hojas de laurel seco
- 10 piezas de clavo de olor
- 10 ramitas de tomillo
- 10 ramitas de mejorana
- 1 cucharadita de sal
- ½ cucharada de pimienta negra
- 300 g de carne de cerdo (pierna, costillar)

Para servir:

- 8 piezas de tortilla de maíz (ver pág. 200)
- Hojas de cilantro, picadas
- ¼ de pieza de cebolla blanca, cortada en cubos pequeños
- Cachetes de limón verde (lima)
- Nuestras salsas (ver págs. 184-197)

Para esta receta será necesario un cazo de cobre, ya que ayudará a que la temperatura se distribuya uniformemente. Si no cuentas con uno, podrás utilizar una cacerola regular de metal, pero revisando la carne durante el tiempo que dure la cocción. Lo más representativo de estas carnitas es que, una vez cocidas, se dejan debajo de un foco incandescente que las mantiene calientes gracias a luz infrarroja que emite. Es la forma en la que se encuentran en los locales y por la que reciben su nombre.

PARA LAS CARNITAS
Lleva a fuego medio un cazo de cobre con la manteca y el aceite. Agrega el resto de los ingredientes, incluyendo las cáscaras de naranja. Cuando rompa el hervor, baja el fuego y cocina por 1 hora o hasta que la carne esté completamente suave. Como recomendación, procura mover todo con una cuchara de madera para evitar que se queme.

Con ayuda de un colador, quita el exceso de grasa y deja escurrir en una rendija (rejilla). Toma un trozo de carne y, con ayuda de una tabla, retira los huesos y corta en trozos pequeños.

PARA SERVIR
Calienta una sartén mediana a fuego alto 5 minutos. Añade las tortillas, dando vuelta tras vuelta hasta que se calienten, 2 o 3 minutos. Coloca las tortillas en un plato, cubre con la carne, acompaña con cilantro, cebolla, limón verde (lima) y alguna de nuestras salsas.

TACOS DORADOS

TACOS DORADOS

Tiempo de preparación: 30 minutos
Tiempo de cocción: 20 minutos
Rendimiento: 4 piezas

Para el relleno:

- 2 cucharadas de aceite de oliva
- ½ pieza de cebolla blanca, picada finamente
- 3 dientes de ajo, picados finamente
- 200 g de tocino, picado finamente
- 300 g de carne molida de res
- 300 g de carne molida de cerdo
- 2 cucharadas de salsa de soya (soja)
- 1 cucharada de mostaza de Dijon
- 1 cucharada de salsa Worcestershire
- ½ cucharadita de pimienta negra
- Sal

Para servir:

- 4 piezas de tortilla de maíz (compradas)
- Guacamole (ver pág. 190)
- Pico de gallo (ver pág. 191)
- 2 hojas de lechuga cortada en tiras
- Cachetes de limón verde (lima)

A finales de la década de 1990, con la comercialización masiva de los tacos en los establecimientos de comida rápida, este taco se volvió muy popular. Los años, la madurez y la apertura nos han hecho verlo con mejores ojos. ¿Hora de intentarlo en casa?

PARA EL RELLENO
Calienta una sartén grande a fuego vivo. Engrasa con el aceite, agrega la cebolla blanca, el ajo y el tocino, y cocina por 5 minutos o hasta que la cebolla esté caramelizada y el tocino dorado. Agrega las carnes molidas, para cocinarlas por 10 minutos más o hasta que las carnes estén cocidas. Termina por sazonar con el resto de los ingredientes y reserva.

PARA SERVIR
Rellena las tortillas con la mezcla de carne, acompaña con el guacamole, el pico de gallo, la lechuga y un cachete de limón verde (lima).

FLAUTAS

FLAUTAS

Tiempo de preparación: 20 minutos
Tiempo de cocción: 45 minutos
Rendimiento: 4 piezas

Para las flautas:

- 300 g de lomo de res
- 5 hojas de laurel seco
- 1 cucharada de sal, y un poco más, al gusto
- 2 cucharadas de aceite de oliva
- 1 pieza cebolla blanca, picada en cubos pequeños
- 2 dientes de ajo, picados finamente
- 3 piezas de jitomate (tomate), cortadas en cubos pequeños
- 1 l de aceite vegetal
- 8 piezas de tortilla de maíz (ver pág. 200) largas

Para servir:

- ½ pieza de lechuga, cortada en tiras
- ½ pieza de cebolla, cortada en pluma
- 4 cucharadas de queso panela
- 4 cucharadas de crema de rancho (crema agria)
- Cachetes de limón verde (lima), opcional

Pocas cosas son más bonitas que las loncherías (mesones) michoacanas que se instalaron en la Ciudad de México —dicen— en la década de los 50 del siglo pasado. Las distinguen el color verde de sus paredes, unos pequeños gabinetes de madera para sentarse y unas vitrinas alargadas que contienen filas y filas de flautas. Estas flautas de res (también podrían ser de cerdo o pollo) son un breve homenaje a esas loncherías que van perdiéndose en el recuerdo.

PARA LAS FLAUTAS
Calienta una cacerola a fuego alto, añade la carne, el laurel y la sal y cubre con agua. Cuando rompa el hervor, baja el fuego y cocina por 25 minutos. Una vez pasado el tiempo, cuela todo sin guardar el agua de la cocción y deshebra la carne en tiras delgadas.

Calienta una sartén media a fuego medio alto. Engrasa con el aceite, añade la cebolla y el ajo y cocina por 10 minutos o hasta que la cebolla esté dorada. Agrega el jitomate (tomate) para dejarlo en fuego por 10 minutos, hasta que esté bien cocido y se haya evaporado la mayor cantidad de agua. Mezcla la carne con todo, sazona con sal y reserva.

Calienta una cacerola alta con el aceite vegetal a fuego alto hasta que alcance una temperatura de 180 °C. Rellena las tortillas con la carne para después envolverlas, procurando que estén bien apretadas. Usa palillos para evitar que se deshagan. Lleva las flautas a fritura profunda por 5 minutos, hasta que estén doradas y crujientes. Retira con ayuda de un colador y, con papel absorbente, elimina el exceso de aceite.

PARA SERVIR
Coloca las flautas en un plato largo, retira los palillos, cubre con la lechuga, la cebolla, el queso y la crema (nata), y acompaña con un cachete de limón.

FLAUTAS AHOGADAS

FLAUTAS AHOGADAS

Tiempo de preparación: 20 minutos
Tiempo de cocción: 2 horas
Rendimiento: 8 piezas

Para las flautas:

- 300 g de lomo de res
- 5 hojas de laurel seco
- ¼ de cucharadita de sal, y un poco más para sazonar
- 2 cucharadas de aceite de oliva
- 1 pieza cebolla blanca, picada en cubos pequeños
- 2 dientes de ajo, picados finamente
- 3 piezas de jitomate (tomate), cortadas en cubos pequeños
- 1 l de aceite vegetal
- 8 piezas de tortilla de maíz (ver pág. 200) largas

Para servir:

- Salsa de chile manzano con tomate amarillo (ver pág. 197)
- ½ pieza de lechuga, cortada en tiras delgadas
- 4 cucharadas de queso panela
- 4 cucharadas de crema de rancho (nata espesa)
- ½ pieza de cebolla, cortada en tiras delgadas
- Cachetes de limón verde (lima), opcional

En México es muy común empapar los alimentos en salsa, pues resulta muy placentero que ésta inunde los platos. En este caso, lo crujiente de las flautas en contraste con la abundancia de la salsa da como resultado una combinación ganadora.

PARA LAS FLAUTAS
Calienta una cacerola a fuego alto. Añade la carne, el laurel y la sal y cubre con agua. Cuando rompa el hervor, baja el fuego y cocina por 90 minutos. Cuela todo sin guardar el agua de la cocción y deshebra la carne en tiras delgadas. Reserva.

Calienta una sartén mediana a fuego medio alto. Engrasa con el aceite, añade la cebolla y el ajo y cocina por 10 minutos o hasta que la cebolla esté dorada. Agrega el jitomate (tomate) y cocina por 10 minutos más, o hasta que esté bien cocido y se haya evaporado la mayor cantidad de jugo. Para finalizar, añade la carne y sazona con sal. Reserva.

Calienta una cacerola alta con el aceite a fuego alto hasta que alcance una temperatura de 180 °C. Rellena las tortillas con la carne para después envolverlas procurando que las flautas queden bien apretadas. Usa palillos para evitar que se deshagan. Lleva las flautas a fritura profunda por 3 minutos, hasta que estén doradas y crujientes. Retira con ayuda de un colador y, con papel absorbente, elimina el exceso de aceite.

PARA SERVIR
Coloca las flautas en un plato extendido y retira los palillos, para después bañarlas con la salsa de chile manzano. Cubre con la lechuga, el queso, la crema (nata) y la cebolla. Sirve con un cachete de limón verde (lima).

TACOS DE CHICHARRÓN GORDO

TACOS DE CHICHARRÓN GORDO

Tiempo de preparación: 20 minutos
Tiempo de cocción: 40 minutos
Rendimiento: 4 piezas

- ¼ de cucharadita de sal
- 500 g de tocino grueso en tiras (que contenga carne y grasa)
- 300 g de manteca de cerdo
- 500 ml de aceite vegetal, y un poco más para engrasar
- Salsa verde molcajeteada (ver pág. 193)
- 4 piezas de tortilla de maíz (ver pág. 200), para servir
- Nuestras salsas (ver págs. 184-197), para servir

Un chicharrón en salsa verde, pero elevado a la *n* potencia. Puede verse como un taco de guisado, y aunque es común en el norte de México, no lo es en los guisados de la Ciudad de México. No le hará ningún daño un agregado de arroz rojo o frijoles refritos.

Calienta una cacerola mediana con agua y sal a fuego medio alto. Agrega las tiras de tocino y cocina por 20 minutos. Retira con ayuda de un colador y, con un poco de papel absorbente, elimina el exceso de agua.

Cocina el tocino en el aceite a fuego alto por 5 minutos o hasta que tome un tono dorado y una textura crujiente. Retira la fritura con ayuda de un colador y, con un poco de papel absorbente, elimina el exceso de aceite. Reserva.

Calienta una cacerola mediana a fuego medio. Engrasa con un poco de aceite, agrega la salsa verde y cocina por 10 minutos. Coloca los chicharrones en la salsa verde 5 minutos antes de servir para que estén crujientes.

Mientras, calienta una sartén mediana a fuego alto 5 minutos. Añade las tortillas, dando vuelta tras vuelta hasta que se calienten, 2 o 3 minutos.

Dispón los chicharrones en un plato hondo. Esto ayudará a que absorban un poco de salsa, pero sin que pierdan la textura crujiente que les caracteriza. Acompaña con tortillas y alguna de nuestras salsas.

TACOS DE GUISADO CAPEADOS

TACOS DE
GUISADO CAPEADOS

Tiempo de preparación: 20 minutos
Tiempo de cocción: 30 minutos
Rendimiento: 4 piezas

Para el arroz:
- 100 g de arroz
- 2 cucharadas de aceite de oliva
- 1 pieza de jitomate (tomate) grande
- ½ diente de ajo
- ¼ de pieza de cebolla blanca
- ¼ de cucharadita de sal

Para los chiles:
- 4 piezas de chile poblano
- 1 l de aceite vegetal
- 3 piezas de huevo
- 200 g de harina
- 400 g de queso panela, cortado en 4 trozos iguales
- 240 g de chicharrones (ver pág. 72)

Para servir:
- 4 piezas de tortilla de maíz (ver pág. 200)
- Salsa roja con chile morita (ver pág. 194)

Estos tacos de chile relleno capeado (rebozado) piden chicharrón y luego un bañado en morita, pero son fácilmente convertibles al vegetarianismo si se duplica el queso y se elimina el chicharrón. Una opción más: sustituir el chile poblano por su versión seca (rehidratada) de chile ancho. Así los hacen en La Hortaliza, al oeste de la Ciudad de México, en el barrio de La Condesa, y son de los grandes.

PARA EL ARROZ
En un *bowl* grande, coloca el arroz con suficiente agua para después comenzar a lavarlo con la palma de la mano, haciendo movimientos lentos para evitar romperlo y cambiando el agua las veces que sean necesarias hasta que salga transparente.

Calienta una cacerola grande a fuego medio alto y engrasa con 2 cucharadas de aceite. Cuando el aceite esté caliente, añade el arroz y, con ayuda de una cuchara de madera, mueve todo hasta que el arroz esté bien dorado.

Licua el jitomate (tomate), el ajo, la cebolla y la sal con 210 ml de agua. Retira el exceso de aceite de la cacerola con un colador y agrega la mezcla triturada. Cuando se hayan evaporado ¾ del agua, tapa y reduce la temperatura a fuego bajo. Cocina 10 minutos y reserva.

PARA LOS CHILES
Cocina los poblanos a fuego directo hasta que la piel que los cubre se vea negra. Posteriormente, introdúcelos en un recipiente tapado para que suden y así poder retirar la piel y las semillas más fácilmente.

Calienta una cacerola alta con el aceite vegetal a fuego alto hasta que alcance una temperatura de 140 °C.

En un *bowl*, coloca los huevos y bate con un batidor hasta que tomen una consistencia esponjosa, como de algodón. Coloca la harina en otro *bowl*.

Retira la piel, las venas y las semillas de los chiles. Rellena con un trozo de panela y chicharrón. Cubre los chiles con harina, luego pasa por el huevo batido y lleva a fritura profunda por 4 o 5 minutos, hasta que el capeado (rebozado) comience a tomar un color dorado.

PARA SERVIR
Calienta una sartén mediana a fuego alto 5 minutos. Añade las tortillas, dando vuelta tras vuelta hasta que se calienten, 2 o 3 minutos. Coloca las tortillas calientes en un plato, agrega 1 cucharada de arroz rojo y 1 pieza de chile poblano relleno. Baña con la salsa de morita.

TACOS DE GUISADO DE CUBETA

TACOS DE GUISADO DE CUBETA

Tiempo de preparación: 20 minutos
Tiempo de cocción: 1 hora 15 minutos
Rendimiento: 8 piezas

Para la pasta de frijol:

- 100 g de frijoles negros (remojados en agua una noche antes)
- ¼ de cucharadita de sal
- 2 cucharadas de aceite de oliva
- 1 pieza de cebolla blanca, cortada en cubos pequeños
- 2 dientes de ajo, picados finamente
- 2 piezas de chile de árbol seco

Para el guisado:

- 2 cucharadas de aceite de oliva
- 300 g de salsa roja hervida con serrano (ver pág. 195)
- 300 g de chicharrón seco (ver pág. 56)

Para servir:

- 8 piezas de tortilla de maíz (ver pág. 200)
- Nuestras salsas (ver págs. 184-197)

Como en el resto de los tacos de guisado contenidos en este libro, en este caso usamos un guisado de chicharrón en salsa roja, aunque el método es aplicable a cualquier otro. Tomen nota de la pasta de frijoles: les será utilísima en el futuro, para tacos o muchas otras cosas.

PARA LA PASTA DE FRIJOL
Lo primero será colocar los frijoles en una cacerola mediana a fuego alto con el doble de agua. Agrega la sal y lleva a hervor. Tapa, baja el fuego y cocina por 45 minutos o hasta que los frijoles estén suaves.

Precalienta una cacerola mediana a fuego medio, engrasa con el aceite, agrega la cebolla y el ajo y cocina por 15 minutos o hasta que la cebolla se caramelice. Agrega los frijoles con caldo y los chiles de árbol, y cocina por 15 minutos más. Retira del fuego y muele en la licuadora hasta obtener una pasta homogénea.

PARA EL GUISADO
Calienta una cacerola mediana a fuego medio. Engrasa con el aceite y vierte la salsa roja para después cocinar por 10 minutos. Agrega el chicharrón y deja que se cocine todo por 2 o 3 minutos, hasta que el chicharrón esté suave y muy hidratado por la salsa.

PARA SERVIR
Calienta una sartén mediana a fuego alto 5 minutos. Añade las tortillas, dando vuelta tras vuelta hasta que se calienten, 2 o 3 minutos. Coloca las tortillas de maíz en un plato y cubre cada una con 1 cucharada de pasta de frijol y 1 de guisado. Acompaña con alguna de nuestras salsas.

TACOS DE GUISADO

Tiempo de preparación: 20 minutos
Tiempo de cocción: 30 minutos
Rendimiento: 4 piezas

Para la carne:

- 500 g de costilla de cerdo con hueso, cortada en cubos
- ½ cucharada de sal
- 210 ml de agua

Para el arroz y la salsa:

- 100 g de arroz
- 4 cucharadas de aceite de oliva
- 1 pieza de jitomate (tomate) rojo grande
- 1 diente de ajo
- ¼ de pieza de cebolla blanca
- ½ cucharadita de sal
- 100 g de salsa de chile pasilla con tomate verde (ver pág. 195)

Para servir:

- 4 piezas de tortilla de maíz (ver pág. 200)

Este taco lleva un relleno específico, cerdo en salsa de chile pasilla, aunque cualquier guisado puede prepararse como taco. Utilice este modelo para cualquier platillo que haya sobrado del día anterior: pollo desmenuzado en mole verde, chayote en pipián, bistec en salsa de chile morita o «a la mexicana», con chile serrano, cebolla y jitomate (tomate).

En un *bowl* grande, coloca el arroz con suficiente agua para después comenzar a lavarlo con la palma de la mano, haciendo movimientos lentos para evitar romperlo y cambiando el agua las veces que sean necesarias hasta que salga transparente.

PARA LA CARNE
Coloca la carne, la sal y agua hasta cubrir los ingredientes en una olla exprés y cocina a fuego alto por 20 minutos.

PARA EL ARROZ Y LA SALSA
Calienta otra cacerola a fuego medio alto y engrasa con 2 cucharadas de aceite. Cuando el aceite esté caliente, añade el arroz y, con ayuda de una cuchara de madera, mueve todo hasta que el arroz esté bien dorado.

Licua el jitomate (tomate), el ajo, la cebolla y la sal con el agua restante. Retira el exceso de aceite de la cacerola con un colador y agrega la mezcla triturada. Cuando se hayan evaporado ¾ del agua, tapa y reduce la temperatura a fuego bajo. Cocina 10 minutos y reserva.

Calienta una cacerola a fuego alto y engrasa con las 2 cucharadas de aceite restantes. Cuando el aceite esté caliente, añade la salsa de chile pasilla y la carne con el líquido de cocción. Cocina por 10 minutos, moviendo todo para que los sabores se fusionen.

PARA SERVIR
Calienta una sartén mediana a fuego alto 5 minutos. Añade las tortillas, dando vuelta tras vuelta hasta que se calienten, 2 o 3 minutos. Coloca las tortillas en un plato, cubre con 1 cucharada de arroz rojo y 1 de guisado.

TACOS DE PAVO EN ESCABECHE

TACOS DE PAVO
EN ESCABECHE

Tiempo de preparación: 10 minutos, más 30 minutos para marinar
Tiempo de cocción: 40 minutos
Rendimiento: 4 piezas

Para el escabeche:
- 10 ramitas de tomillo seco molido
- 10 hojas de laurel seco
- ¼ de cucharadita de canela molida
- ½ cucharadita de orégano molido
- ½ cucharadita de comino molido
- ½ cucharadita de pimienta negra
- ¼ de cucharadita de clavo de olor molido
- ½ cucharadita de sal
- 1 cucharada de aceite de oliva
- 1 pieza de cebolla blanca, cortada en cubos grandes
- 3 dientes de ajo picados
- 500 ml de vinagre blanco
- 500 g de pechuga de pavo limpia, sin hueso

Para servir:
- 4 piezas de tortilla de maíz (ver pág. 200)
- Chiles en vinagre
- Nuestras salsas (ver págs. 184-197)

El pavo de monte o *kutz* (en maya) es el príncipe de las aves de Yucatán, de donde proviene esta receta. Es elegante, ceremonioso, displicente. Tiene ocelos iridiscentes entre el azul y el verde en las preciosas alas.

Si no hay prisas, este escabeche puede verse beneficiado de pasar una noche de reposo en el refrigerador.

PARA EL ESCABECHE
Comienza mezclando las especias trituradas junto con la mitad de la sal en un *bowl* pequeño. Añade la mezcla sobre el pavo, untando todo muy bien. Reserva por 30 minutos en refrigeración.

Calienta una cacerola mediana a fuego alto. Engrasa con el aceite y añade la cebolla blanca y el ajo. Cocina a fuego medio por 10 minutos o hasta que la cebolla comience a tomar un todo dorado. Añade el vinagre, la pechuga de pavo y la otra mitad de la sal y cubre con agua. Cocina por 20 minutos a fuego medio o hasta que la pechuga esté muy suave. Retira del líquido, deshebra y reserva.

PARA SERVIR
Calienta una sartén mediana a fuego alto 5 minutos. Añade las tortillas, dando vuelta tras vuelta hasta que se calienten, 2 o 3 minutos. Coloca las tortillas en un plato, cubre con la pechuga de pavo desmenuzada y acompaña con chiles en vinagre y alguna de nuestras salsas.

TACOS DE BIRRIA ESTILO TIJUANA

TACOS DE BIRRIA
ESTILO TIJUANA

Tiempo de preparación: 20 minutos
Tiempo de cocción: 50 minutos
Rendimiento: 4 piezas

Para la carne:
- 250 g de costilla de res
- 250 g de pulpa de res
- 2 cucharadas de sal

Para la salsa:
- 2 cucharadas de aceite de oliva
- 10 piezas de chile guajillo, sin venas ni semillas
- 5 piezas de chile pasilla, sin venas ni semillas
- 2 piezas de chile morita, sin venas ni semillas
- 10 hojas de laurel seco
- 5 piezas de clavo de olor tostado
- 6 piezas de jitomate (tomate) rojo picadas
- 1 pieza de cebolla blanca grande
- 4 dientes de ajo
- ½ cucharada de pimienta negra tostada
- ¼ de cucharadita de sal

Para servir:
- 4 piezas de tortilla de maíz (ver pág. 200)
- 4 cucharadas de frijol bayo cocido (u otro tipo de frijol)
- Hojas de cilantro picadas
- 1 pieza de chile serrano picado, con semillas
- ½ pieza de cebolla blanca, picada en cubos pequeños
- Cachetes de limón verde (lima)
- Nuestras salsas (ver págs. 184-197)

La principal diferencia entre la birria de Tijuana y la de Jalisco (ver pág. 84) es su proteína: la res domina en Tijuana, el chivo (cabrito) es rey en Jalisco. No olviden servir el consomé con el taco, para sopear la tortilla como es debido.

PARA LA CARNE
Introduce las 2 carnes en una olla exprés. Cubre con agua y sazona con sal. Lleva a fuego medio alto por 20 minutos después de que la válvula comience a sacar vapor caliente. Cuela y reserva el caldo de la cocción. Deshebra la carne.

PARA LA SALSA
Calienta una cacerola con el aceite a fuego alto. Agrega todos los ingredientes de la salsa y cocina por 7 minutos o hasta que los chiles se sientan suaves. Con una cuchara, mueve todo constantemente para que no se queme. Añade la carne, así como el caldo reservado, y hierve por 20 minutos a fuego medio.

PARA SERVIR
Calienta una sartén mediana a fuego alto 5 minutos. Añade las tortillas, dando vuelta tras vuelta hasta que se calienten, 2 o 3 minutos. Coloca las tortillas en un plato, cubre con 2 o 3 cucharadas de carne, 1 cucharada de frijoles bayos, cilantro, chile y cebolla al gusto y un cachete de limón verde (lima). Acompaña con alguna de nuestras salsas.

TACOS DE BIRRIA ESTILO JALISCO

TACOS DE BIRRIA
ESTILO JALISCO

Tiempo de preparación: 20 minutos, más 1 hora para marinar
Tiempo de cocción: 1 hora 30 minutos
Rendimiento: 8 piezas

Para la carne:
- 4 piezas de jitomate (tomate) rojo
- 3 dientes de ajo
- ½ pieza de cebolla blanca grande
- 8 piezas de chile guajillo, sin venas ni semillas
- 5 piezas de chile ancho, sin venas ni semillas
- 5 piezas de chile cascabel, sin venas ni semillas
- 2 piezas de chile morita
- 10 hojas de laurel seco
- 5 piezas de clavo de olor tostado
- ¼ de cucharadita de pimienta negra tostada
- ¼ de cucharadita de sal
- 500 g de carne de chivo (cabrito)
- 2 cucharadas de aceite de oliva

Para servir:
- 8 piezas de tortilla de maíz (ver pág. 200)
- 4 cucharadas de frijol bayo cocido
- Cebolla blanca, picada en cubos pequeños
- 1 pieza de chile serrano picado, con semillas
- Hojas de cilantro picadas
- 4 piezas de cachete de limón verde (lima)
- Nuestras salsas (ver págs. 184-197)

En los tacos de birria es común utilizar tortillas mixtas, hechas con maíz nixtamalizado y harina de trigo, lo que les da la elasticidad de las tortillas de harina con el sabor de las tortillas de maíz. Éstas se encuentran a menudo en la carretera, en Vallarta, en los lugares donde se vende birria.

PARA LA CARNE
Calienta una cacerola con la mitad de agua a fuego alto. Agrega todos los ingredientes (con excepción de la carne) y cocina por 15 minutos o hasta que los chiles se sientan suaves.

Tritura todo en la licuadora hasta obtener un adobo uniforme que se usará para marinar la carne por 1 hora en el refrigerador.

Calienta una cacerola a fuego alto 5 minutos. Engrasa con el aceite de oliva, agrega la carne con todo el adobo y cocina por 5 minutos para después cubrir con agua. Deja hervir por 1 hora a fuego medio.

PARA SERVIR
Calienta una sartén mediana a fuego alto 5 minutos. Añade las tortillas, dando vuelta tras vuelta hasta que se calienten, 2 o 3 minutos. Coloca las tortillas en un plato y cubre con 2 o 3 cucharadas de carne, 1 cucharada de frijoles bayos, cebolla al gusto, chile serrano, cilantro y un cachete de limón verde (lima). Acompaña con alguna de nuestras salsas.

TACOS DE CHAMORRO

Tiempo de preparación: 15 minutos
Tiempo de cocción: 3 horas
Rendimiento: 6 piezas

- 7 dientes de ajo
- 200 g de achiote
- 2 piezas de cebolla blanca grandes
- 1 cucharada de orégano seco
- 1 cucharada de comino molido
- 1 cucharada de pimienta negra
- 500 ml de vinagre blanco
- Jugo de 1 kg de naranjas
- 6 piezas de hoja de plátano
- 4 piezas de chamorro (codillo) de cerdo

Para servir:

- 6 piezas de tortilla de maíz (ver pág. 200)
- Cebolla morada encurtida (ver pág. 190)
- Cachetes de limón verde (lima)

Un taco hermano de la cochinita pibil (ver pág. 36), probablemente más común en la Ciudad de México que en Yucatán. Hemos usado aquí una combinación de naranja dulce y vinagre blanco, pero el jugo de naranja agria —si lo tienen a la mano— podría sustituirla y dar un toque muy particular. Acompañen con cebolla morada encurtida (ver pág. 190).

Precalienta el horno a 200 °C.

Tritura todos los ingredientes, con excepción de la carne, las hojas de plátano y las tortillas, hasta obtener una mezcla homogénea.

Coloca la mitad de las hojas de plátano en un refractario (fuente de horno) seguidas de los chamorros (codillos) y la salsa anterior. Cubre con agua, tapa con las hojas de plátano restantes, cubre todo con un trozo de papel aluminio y hornea por 3 horas, dependiendo del tamaño del chamorro (codillo). Retira del horno y corta la carne. Reserva el caldillo.

PARA SERVIR
Calienta una sartén a fuego alto 5 minutos y añade las tortillas, dando vuelta tras vuelta hasta que se calienten, 2 o 3 minutos. Coloca el chamorro (codillo) en un plato hondo con 1 cucharón del caldillo y acompaña con tortillas de maíz, cebolla morada encurtida y un cachete de limón verde (lima).

TACOS DE HÍGADO

TACOS DE HÍGADO

Tiempo de preparación: 20 minutos
Tiempo de cocción: 30 minutos
Rendimiento: 8 piezas

Para la carne:

- 300 g de hígado de res, lavado con abundante agua
- 3 dientes de ajo
- 10 hojas de laurel seco
- 6 ramitas de tomillo seco
- 6 ramitas de mejorana seca
- 300 ml de leche entera
- 3 cucharadas de aceite de oliva
- 1 pieza de cebolla blanca, cortada en pluma
- 1 pizca de sal

Para servir:

- 8 piezas de tortilla de maíz (ver pág. 200)
- Cachetes de limón verde (lima)

Las mamás chilangas suelen servir hígado de res para taquear en dos versiones: una es este guisado reconfortante; otra, salteado con mucha cebolla y tal vez un poco de chile serrano. Ambas son deliciosas, aunque no todos los niños se dejan convencer por la sabrosura. Respecto de los que sí se dejan: ellos serán los chefs que cambiarán el mundo.

PARA LA CARNE
Coloca una cacerola grande a fuego alto. Agrega el hígado, el ajo, las ramitas de hierbas secas, la leche entera y 500 ml de agua. Cocina durante 15 minutos o hasta que el hígado esté muy suave (sé cuidadoso de retirar la espuma que sale de la cocción). Retira el hígado con un colador y, con ayuda de una tabla, corta en cubos grandes.

Engrasa una sartén caliente con el aceite de oliva a fuego medio, agrega la cebolla y cocina por 5 minutos o hasta que tenga un color dorado. Agrega el hígado en cubos y la sal, y cocina por 2 o 3 minutos más.

PARA SERVIR
Calienta una sartén mediana a fuego alto 5 minutos. Añade las tortillas, dando vuelta tras vuelta hasta que se calienten, 2 o 3 minutos. Coloca las tortillas calientes, cubre con el hígado guisado y acompaña con cachetes de limón verde (lima).

TACOS DE CHORIZO

TACOS DE CHORIZO

Tiempo de preparación: 30 minutos, más 2 horas para marinar
Tiempo de cocción: 20 minutos
Rendimiento: 4 piezas

Para el chorizo verde:
- 2 manojos grandes de espinaca, limpia (sólo la hoja)
- 1 manojo de cilantro, limpio (sin tallos grandes)
- 1 manojo pequeño de perejil, limpio (sólo la hoja)
- 3 piezas de chile serrano, limpias, sin venas ni semillas
- 3 cucharadas de vinagre de manzana
- 1 cucharada de sal
- 1 kg de carne de cerdo molida
- 250 g de manteca de cerdo
- 1 cucharada de comino molido
- 1 cucharada de pimienta negra
- 1 cucharada de semillas de cilantro molidas
- 1 cucharada de orégano molido
- ½ cucharada de clavo de olor molido
- 100 g de pepita (pipas) de calabaza troceada tostada
- 100 g de cacahuate (cacahuete) troceado tostado
- 100 g de almendra troceada tostada
- 100 g de pasas
- 2 cucharadas de aceite de oliva

Para servir:
- 4 piezas de tortilla de maíz (ver pág. 200)
- ½ pieza de cebolla blanca, picada finamente
- 10 hojas de cilantro picadas
- 4 piezas de cachete de limón verde (lima)
- Nuestras salsas (ver págs. 184-197)

En Mexicaltzingo, pueblo de obradores —trabajadores del cerdo y el embutido— en el estado de México, se ha perfeccionado el chorizo verde. No es el lugar más accesible del mundo. Aprender a hacer este chorizo delicioso será un as bajo la manga el resto de su vida: una lección para llevarse a la tumba.

PARA EL CHORIZO VERDE
Calienta una cacerola mediana con ¾ de agua a fuego alto.

Mientras, prepara un *bowl* hondo con hielo hasta la mitad para realizar un baño María inverso, que ayudará a cortar la cocción de las hierbas.

Cuando el agua comience a hervir, agrega las espinacas y las hierbas. Cocina en intervalos de 2 minutos cada una, retira del agua caliente y lleva al recipiente con hielos. Tritúralas en la licuadora junto con el chile serrano, el vinagre y la sal hasta que esté homogénea.

Coloca en un *bowl* grande la carne, la manteca de cerdo, las especias, los frutos secos y las hierbas trituradas. Mezcla todo y reposa 2 horas en refrigeración.

Precalienta una sartén mediana a fuego alto, engrasa con el aceite, agrega la carne marinada y cocina por 10 minutos o hasta que la carne esté cocida.

PARA SERVIR
Calienta otra sartén a fuego alto 5 minutos y añade las tortillas, dando vuelta tras vuelta hasta que se calienten, 2 o 3 minutos. Coloca las tortillas en un plato, cubre con 2 o 3 cucharadas de chorizo cocido y acompaña con cebolla picada, cilantro al gusto, un cachete de limón verde (lima) y alguna de nuestras salsas.

TACOS DE ADOBADA

TACOS DE ADOBADA

Tiempo de preparación: 20 minutos, más 30 minutos para marinar
Tiempo de cocción: 15 minutos
Rendimiento: 4 piezas

Para la carne:

- 10 piezas de chile guajillo, sin venas ni semillas
- 5 piezas de chile ancho, sin venas ni semillas
- 2 piezas de cebolla mediana, cortadas en cubos
- 3 dientes de ajo
- 500 ml de vinagre blanco
- 2 cucharadas de orégano molido tostado
- 10 piezas de pimienta negra
- ¼ de cucharadita de sal
- 500 g de carne de cerdo en láminas delgadas (bistec)

Para servir:

- 4 piezas de tortilla de maíz (ver pág. 200)
- Guacamole (ver pág. 190)
- ½ pieza de cebolla blanca, picada finamente
- Hojas de cilantro picadas
- Cachetes de limón verde (lima)
- Nuestras salsas (ver págs. 184-197)

En Tijuana, los tacos de adobada son los parientes más cercanos a los tacos al pastor de la Ciudad de México. Por tanto, lo «normal» callejero sería prepararla en trompo. Acá llamamos a asarla en el *grill* para recuperar un poco el olor a humo y tizne clásico de las taquerías tijuanenses. Por cierto, en Tijuana se sirve en tortilla formada como un cono y con *mucho* guacamole. Inténtenlo así.

PARA LA CARNE
Introduce los chiles, la cebolla y el ajo en una cacerola mediana, cubriéndolos con agua para después llevarlos a fuego alto por 7 minutos o hasta que los chiles estén suaves.

Tritura lo anterior en la licuadora, agregando el vinagre, el orégano, la pimienta y la sal hasta que esté homogéneo. Adoba la carne con esta mezcla y reposa 30 minutos en refrigeración.

Precalienta el *grill* por 10 minutos. Coloca la carne a fuego directo en el *grill* 2 minutos de cada lado o hasta que la carne tome un color más intenso. Corta en tiras delgadas y reserva.

PARA SERVIR
Calienta las tortillas en el *grill*, dando vuelta tras vuelta hasta que se calienten, 2 o 3 minutos. Coloca las tortillas en un plato, cubre con la carne recién salida del asador y acompaña con guacamole, cebolla, cilantro al gusto, un cachete de limón verde (lima) y alguna de nuestras salsas.

TACOS DE BISTEC PICADO

TACOS DE
BISTEC PICADO

-30

Tiempo de preparación: 5 minutos
Tiempo de cocción: 5 minutos
Rendimiento: 8 piezas

- 300 g de bistec de cerdo
- 2 cucharadas de aceite de oliva
- Sal
- Pimienta negra

Para servir:
- 8 piezas de tortilla de maíz (ver pág. 200)
- ¼ de pieza de cebolla blanca, picada en cubos pequeños
- Hojas de cilantro, picado
- Cachete de limón verde (lima)
- Nuestras salsas (ver págs. 184-197)

En triciclos distribuidos por toda la Ciudad de México estos tacos van preparándose en grandes tandas: se asa la carne en una plancha, se pica minúsculamente y se empuja hacia los lados hasta el momento del servicio. Entonces se toma una porción de la montañita de carne y se entrega al comensal en unos cuantos segundos. Pueden llevar cilantro y cebolla cruda o asada. Esta versión es casera, pero tiene ese mismo espíritu.

Coloca una sartén mediana a fuego alto 5 minutos.

Salpimienta la carne. Cuando la sartén esté caliente, engrasa con el aceite y coloca la carne dándole 2 o 3 minutos de cocción a cada lado. Retira del fuego y, con ayuda de una tabla, corta en cubos grandes.

PARA SERVIR
Calienta una sartén a fuego alto 5 minutos y añade las tortillas, dando vuelta tras vuelta hasta que se calienten, 2 o 3 minutos. Coloca las tortillas en un plato y cubre con la carne picada. Acompaña con cebolla, cilantro al gusto, cachetes de limón verde (lima) y alguna de nuestras salsas.

BURRITOS SONORENSES

BURRITOS SONORENSES

Tiempo de preparación: 20 minutos
Tiempo de cocción: 15 minutos
Rendimiento: 4 piezas

Para la carne:

- ¼ de cucharada de comino molido
- ¼ de cucharadita de sal
- ¼ de cucharadita de pimienta negra
- 300 g de diezmillo de res, cortado en láminas delgadas (bistec)
- 2 cucharadas de aceite de oliva

Para servir:

- 4 piezas de tortilla de harina (ver pág. 201)
- 4 cucharadas de mayonesa (ver pág. 184)
- 4 piezas de jitomate (tomate) rojo
- 2 piezas de aguacate sin piel ni hueso, cortadas en láminas
- 100 g de tocino dorado
- 2 piezas de chile serrano, sin rabo, cortadas en rodajas
- 200 g de queso Chihuahua
- Nuestras salsas (ver págs. 184-197)

Este burro le viene con todo lo que suele venir en un carrito de Hermosillo. Por supuesto, existen variaciones en el relleno principal, como chilorio (guiso de cerdo del estado de Sinaloa) o machaca (carne seca) con huevo, pero éste es el clásico. Para hacerlo percherón (para cuando tienes mucha hambre, también de Sonora), dupliquen el tamaño de la tortilla y las cantidades de todos los ingredientes.

PARA LA CARNE
Mezcla el comino, la sal y la pimienta en un *bowl*. Sazona la carne por ambos lados.

Calienta una sartén mediana a fuego alto 5 minutos y engrasa con el aceite. Coloca la carne y cocina por 4 o 5 minutos de cada lado o hasta que adquiera un tono más oscuro. Retira de la sartén y, con ayuda de una tabla, corta en tiras largas.

PARA SERVIR
Calienta una sartén mediana a fuego alto 5 minutos. Añade las tortillas, dando vuelta tras vuelta hasta que se calienten, 2 o 3 minutos. Coloca las tortillas, unta con 1 cucharada de mayonesa y rellena con la carne, los jitomates (tomates), aguacate en láminas, tocino dorado, rodajas de chile serrano y queso. Dobla dos lados de la tortilla hacia adentro para después enrollarla consiguiendo la forma de burrito. Regresa el burrito de nuevo a la sartén y cocina por 5 minutos más o hasta que el queso se funda.

Corta el burrito por la mitad, coloca en un plato y acompaña con alguna de nuestras salsas.

TACOS CAMPECHANOS

Tiempo de preparación: 20 minutos
Tiempo de cocción: 25 minutos
Rendimiento: 4 piezas

- 4 cucharadas de aceite de oliva
- 2 piezas de cebolla blanca, cortadas en pluma
- 2 cucharadas de vinagre blanco
- 1 cucharada de azúcar
- 500 g de cecina de res, cortada en trozos pequeños
- 500 g de chorizo verde (ver pág. 90 [tacos de chorizo]) cortado en trozos pequeños
- 4 piezas de tortilla de maíz (ver pág. 200)
- 500 g de papas, cortadas en bastón, fritas
- Cachetes de limón verde (lima)

La parte *campechana* de este taco no se refiere al estado o la ciudad de Campeche, en la península de Yucatán, sino a su ánimo combinatorio, en este caso de cecina y chorizo. La cebolla semicaramelizada y las papas fritas le dan un acento del centro de México.

Coloca una sartén mediana a fuego medio y engrasa con 2 cucharadas de aceite. Agrega la cebolla blanca moviendo constantemente con una cuchara por 7 minutos. Cuando la cebolla comience a tomar un tono dorado, agrega el vinagre mezclado con el azúcar. Cocina a fuego bajo por 5 minutos o hasta que dé como resultado una cebolla transparente, pero dulce, o cebolla caramelizada.

Para servir, calienta una plancha mediana a fuego medio y engrasa con el aceite restante. Mezcla la cecina y el chorizo en la plancha y cuece por 10 minutos o hasta que comiencen a tomar un tono dorado.

PARA SERVIR
Calienta una sartén a fuego alto 5 minutos y añade las tortillas, dando vuelta tras vuelta hasta que se calienten, 2 o 3 minutos. Coloca las tortillas en un plato, cubre con la mezcla de carne y acompaña con las papas, la cebolla caramelizada y un cachete de limón verde (lima).

GAONERAS

GAONERAS

-30

Tiempo de preparación: 10 minutos
Tiempo de cocción: 5 minutos
Rendimiento: 4 piezas

- 4 cucharadas de manteca de cerdo
- 1 kg de filete de res, cortado en láminas gruesas
- Sal de grano

Para servir:
- 4 piezas de tortilla de maíz (ver pág. 200)
- 4 piezas de cachete de limón verde (lima)
- Nuestras salsas (ver págs. 184-197)

Este taco pertenece a la tradición de la comida de plaza de toros —que afortunadamente va desapareciendo—. *Gaonera* proviene del apellido de Rodolfo Gaona, santo patrón de los toreros mexicanos. Éste es un taco centrado en la sencillez y la terneza de su ingrediente principal. Busquen lo mejor posible.

Calienta una plancha a fuego alto por 5 minutos y engrasa con la manteca.

Cuando la plancha esté caliente, coloca la carne y espolvorea sal de grano. Cocina 4 o 5 minutos hasta que la carne se vea dorada, dándole una vuelta; retira y reposa por 2 minutos.

PARA SERVIR
Calienta una sartén mediana a fuego alto 5 minutos. Añade las tortillas, dando vuelta tras vuelta hasta que se calienten, 2 o 3 minutos. Coloca las tortillas en un plato, cubre con un trozo de carne y acompaña con un cachete de limón verde (lima) y alguna de nuestras salsas.

TACOS DE COCHINADA

-30

Tiempo de preparación: 10 minutos
Tiempo de cocción: 20 minutos
Rendimiento: 4 piezas

- 2 cucharadas de aceite de oliva
- 200 g de cecina de res, cortada en cubos medianos
- 200 g de chorizo verde (ver pág. 90 [tacos de chorizo]) en trozos pequeños
- 4 piezas de tortilla de maíz (ver pág. 200)
- ½ pieza de cebolla blanca, picada en cubos pequeños
- Hojas de cilantro picadas
- ¼ de cucharadita de sal
- Cachetes de limón verde (lima)
- Nuestras salsas (ver págs. 184-197), para servir

Éste es el primo casquivano del de por sí *malportado* taco campechano. En una taquería la *cochinada* (*cochi*, para los cuates) se recoge de muchas horas de cocción al fondo de la choricera (comal para tacos). En casa eso es imposible, pero esta aproximación no deja nada que desear.

Coloca una plancha mediana a fuego medio y engrasa con el aceite. Agrega la cecina y el chorizo y cocina por 10 minutos o hasta que comiencen a tomar un tono dorado. Una vez cocida, retira ¾ de la mezcla, dejando el resto en el fuego por 5 o 6 minutos hasta que adquiera un tono mucho más oscuro.

PARA SERVIR
Calienta una sartén a fuego alto 5 minutos y añade las tortillas, dando vuelta tras vuelta hasta que se calienten, 2 o 3 minutos. Coloca las tortillas en un plato, añade la mezcla de cecina y chorizo y cubre con la carne dorada o *cochinada*. Acompaña con cebolla blanca, cilantro al gusto, un cachete de limón verde (lima) y alguna de nuestras salsas.

TACOS AL PASTOR

TACOS AL PASTOR

Tiempo de preparación: 20 minutos, más 1 hora para marinar
Tiempo de cocción: 40 minutos
Rendimiento: 4 piezas

Para el adobo al pastor:

- 5 piezas de chile guajillo, sin venas ni semillas, cortadas en guindillas
- 4 cucharadas de aceite de oliva
- 3 dientes de ajo
- ½ pieza de cebolla blanca asada
- 100 g de pasta de achiote
- ½ cucharadita de orégano molido tostado
- ½ cucharadita de sal
- 1 pizca de clavo de olor tostado
- 1 pizca de pimienta negra tostada
- 1 pizca de comino molido tostado
- 60 ml de vinagre blanco
- Jugo de 2 piezas de naranja
- 300 g de bistec de cerdo

Para servir:

- 4 piezas de tortilla de maíz (ver pág. 200)
- ¼ de pieza de cebolla blanca, cortada en cubos pequeños
- 100 g de piña fresca asada, picada
- 1 manojo pequeño de cilantro, picado no tan fino
- 4 piezas de cachete de limón verde (lima)
- Nuestras salsas (ver págs. 184-197)

Por supuesto, hay algo irreproducible en un gran trompo de pastor de taquería: vertical, ensartado frente al fuego, la tremenda fuerza de gravedad trabajándolo, dándole forma. Acá llamamos a hacerlo en casa en una sartén, y a cambiar su gozo de taquería por su gozo doméstico, también muy feliz. El adobo es fino, muy aromático.

PARA EL ADOBO AL PASTOR
En una cacerola mediana, agrega los chiles guajillos, cubre con agua y lleva a fuego alto por 7 minutos o hasta que los chiles se sientan suaves. Cuela y reserva los chiles.

Calienta 2 cucharadas de aceite de oliva en una cacerola mediana a fuego medio bajo. Tritura los ingredientes del adobo en la licuadora, con excepción del aceite y la carne, hasta obtener una pasta uniforme de consistencia espesa (de ser necesario, utiliza un poco de agua, para facilitar el triturado). Cocina en la cacerola mediana a fuego alto por 15 minutos o hasta que adquiera un tono naranja oscuro. Mueve constantemente con una cuchara de madera para evitar que se queme. Retira del fuego y enfría.

En un *bowl* grande, mezcla la carne con el adobo. Reposa en el refrigerador por 1 hora.

Engrasa una sartén con las 2 cucharadas de aceite de oliva restantes a fuego alto. Agrega la carne cortada en cubos y cocina por 7 minutos o hasta que esté suave.

PARA SERVIR
Calienta una sartén mediana a fuego alto 5 minutos. Añade las tortillas, dando vuelta tras vuelta hasta que se calienten, 2 o 3 minutos. Coloca las tortillas en un plato, cubre con la carne cocida y acompaña con cebolla, piña, cilantro al gusto, un cachete de limón verde (lima) y alguna de nuestras salsas.

TACOS ÁRABES

TACOS ÁRABES

Tiempo de preparación: 20 minutos, más 30 minutos para marinar
Tiempo de cocción: 10 minutos
Rendimiento: 4 piezas

Para la carne:
- 120 ml de aceite de oliva, y 2 cucharadas más para freír
- 120 ml de vinagre blanco
- 1 manojo de perejil, sólo las hojas, limpias y picadas finamente
- 3 cucharadas de pimienta negra
- 2 cucharadas de orégano molido
- 1 cucharada de clavo de olor molido
- 1 cucharada de comino molido
- 1 cucharada de ajo en polvo
- 1 cucharada de tomillo seco
- ¼ de cucharadita de sal
- 500 g de carne de cerdo en láminas delgadas (bistec)

Para servir:
- 4 piezas de pan pita
- 4 piezas de cachete de limón verde (lima)
- Nuestras salsas (ver págs. 184-197)

El taco árabe es uno de los grandes triunfos de la cocina migratoria, uno de los argumentos definitivos para la apertura de fronteras. En la ciudad de Puebla se hace en un trompo que, a diferencia del trompo de pastor, se coloca frente a un rosticero avivado por carbón. Ojalá se pudiera hacer así en casa. En su defecto, háganlo en sartén. Si se les atraviesa una *harissa* en la tienda de especialidades de Medio Oriente, no duden en usarla para este taco.

PARA LA CARNE
Mezcla todos los ingredientes, con excepción de la carne, en un *bowl* grande.

En un refractario (fuente de horno), coloca 1 pieza de carne, cubre con la mezcla y repite el proceso hasta terminar (7 o 8 capas). Cubre y deja marinar la carne por 30 minutos en el refrigerador.

Calienta una sartén a fuego medio alto para después engrasarla con 2 cucharadas de aceite. Añade la carne, sin mover el adobo, dándole de 2 a 3 minutos de cocción a cada lado o hasta que comience a verse dorada. Retira.

PARA SERVIR
Calienta una sartén a fuego alto 5 minutos. Añade el pan pita, dando vuelta tras vuelta hasta que se caliente, 3 o 4 minutos. Coloca el pan pita abierto por la mitad, rellena con la carne cocida y acompaña con un cachete de limón verde (lima) y alguna de nuestras salsas.

TACOS GRIEGOS

Tiempo de preparación: 20 minutos
Tiempo de cocción: 35 minutos
Rendimiento: 4 piezas

Para la carne:

- 2 cucharadas de aceite de oliva
- 3 piezas de cebolla, picadas finamente
- 10 dientes de ajo, picados finamente
- 1,5 kg de champiñón, cortado en láminas delgadas
- 1 kg de carne de cerdo, cortada en cuadrados pequeños
- ¼ de cucharadita de clavo de olor molido
- ¼ de cucharadita de comino molido
- ¼ de cucharadita de tomillo seco
- ¼ de cucharadita de sal
- ¼ de cucharadita de pimienta negra

Para servir:

- 4 piezas de tortilla de maíz (ver pág. 200)
- ½ pieza de cebolla blanca, picada finamente
- Hojas de cilantro picadas
- 4 piezas de cachete de limón verde (lima)
- Nuestras salsas (ver págs. 184-197)

El encanto de este taco reside en su sencillez: carne de cerdo y champiñones a la parrilla, ajo, cebolla y especias... no hay necesidad de añadir nada más. Es una especie de taco a la plancha para disfrutar un día cualquiera.

PARA LA CARNE
Calienta una cacerola o plana grande a fuego medio y engrasa con el aceite. Agrega la cebolla y el ajo, y cocina por 5 minutos o hasta que ambos ingredientes tomen un color dorado. Añade los champiñones y cocina por 10 minutos más o, de ser necesario, hasta que reduzcan su tamaño a la mitad.

Agrega la carne, sazona con las especias y cocina por 15 minutos más, o hasta que la carne esté cocida. Salpimienta.

PARA SERVIR
Calienta una sartén mediana a fuego alto 5 minutos. Añade las tortillas, dando vuelta tras vuelta hasta que se calienten, 2 o 3 minutos. Coloca las tortillas en un plato, cubre con la carne y acompaña con cebolla picada, cilantro al gusto, un cachete de limón verde (lima) y alguna de nuestras salsas.

TACOS DE PASTOR ENCEBOLLADO

TACOS DE PASTOR ENCEBOLLADO

Tiempo de preparación: 20 minutos, más 30 minutos para marinar
Tiempo de cocción: 30 minutos
Rendimiento: 4 piezas

Para el adobo al pastor:

- 5 piezas de chile guajillo, sin venas ni semillas
- 100 g de pasta de achiote
- 3 dientes de ajo
- ½ pieza de cebolla blanca asada
- Jugo de ½ limón verde (lima)
- ½ cucharadita de orégano molido tostado
- ½ cucharadita de sal
- 1 pizca de clavo de olor molido tostado
- 1 pizca de pimienta negra tostada
- 1 pizca de comino molido tostado
- Jugo de 2 piezas de naranja
- 60 ml de vinagre blanco
- 2 cucharadas de aceite de oliva

Para la carne:

- 1 kg de bistec de cerdo
- 500 g de cebolla blanca, cortada en pluma
- 2 cucharadas de aceite de oliva

Para servir:

- 4 piezas de tortilla de maíz (ver pág. 200)
- ¼ de pieza de cebolla blanca, cortada en cubos
- 100 g de piña fresca asada
- 1 manojo pequeño de cilantro, picado no tan fino
- 4 piezas de cachete de limón verde (lima)
- Nuestras salsas (ver págs. 184-197)

Éste es uno de los tres grandes subgéneros del taco al pastor, principalmente en la Ciudad de México (ver Introducción, pág. 11). Una vez más, llamamos a hacerlo en sartén, aunque la parte «encebollada» funcionará siempre mejor gracias a la fuerza de gravedad de la carne de puerco que pesa sobre la cebolla en el trompo. No escatimen con la intensidad y la cantidad de la cebolla: es lo más importante de su carácter.

PARA EL ADOBO AL PASTOR
En una cacerola mediana, coloca los chiles guajillos, cubre con agua y cocina a fuego medio alto por 7 minutos o hasta que los chiles se sientan suaves. Cuela.

Tritura los chiles con los demás ingredientes, con excepción del aceite, hasta obtener una mezcla homogénea (puedes utilizar un poco de agua de ser necesario para facilitar el triturado).

Calienta una cacerola mediana a fuego alto y engrasa con el aceite de oliva. Añade lo antes triturado y cocina por 5 minutos o hasta que la salsa adquiera un tono rojo oscuro. Retira del fuego y enfría.

PARA LA CARNE
Mezcla la carne, la cebolla en pluma y el adobo en un *bowl* grande para después reposar en refrigeración por 30 minutos.

Calienta una sartén mediana a fuego alto y engrasa con el aceite de oliva. Añade la carne con la cebolla marinada moviendo todo con una cuchara para evitar que se queme. Cocina por 10 minutos o hasta que la carne tome un color dorado. Retira del fuego, corta de forma vertical en tiras grandes y reserva.

PARA SERVIR
Calienta una sartén a fuego alto 5 minutos y añade las tortillas, dando vuelta tras vuelta hasta que se calienten, 2 o 3 minutos. Coloca las tortillas en un plato, cubre con la carne y acompaña con cebolla, 1 lámina de piña, cilantro al gusto, un cachete de limón verde (lima) y alguna de nuestras salsas.

TACOS DE POLLO ROSTIZADO

TACOS DE POLLO ROSTIZADO

Tiempo de preparación: 20 minutos, más 1 hora para la salmuera
Tiempo de cocción: 1 hora 15 minutos
Rendimiento: 8 piezas

Para la salmuera:
- 50 g de sal

Para el pollo:
- 1 pollo entero mediano con piel (1 kg)
- 500 g de mantequilla fundida
- 2 piezas de cebolla blanca, cortadas en tiras
- 2 dientes de ajo
- 2 cucharadas de azúcar
- 200 ml de vinagre blanco

Para servir:
- 8 piezas de tortilla de maíz (ver pág. 200)
- Cebolla caramelizada
- Guacamole (ver pág. 190)
- 4 piezas de cachete de limón verde (lima)
- Nuestras salsas (ver págs. 184-197)

Por supuesto, el pollo rostizado casero nunca será equivalente al hecho en rosticero horizontal, de los comerciales. Ni modo. Pero en casa se puede aprovechar el horno a 200 °C y la caramelización de la cebolla vía cocción lenta. Pedimos que acompañen con alguna de nuestras salsas (ver págs. 184-197), pero los tacos de pollo rostizado piden, *casi exigen*, al menos un par de chiles en escabeche.

PARA LA SALMUERA
Mezcla la sal y 1 litro de agua en un *bowl* hondo.

PARA EL POLLO
Lo primero será dejar el pollo en salmuera por 1 hora en el refrigerador. Esto servirá para que el pollo absorba la sal suficiente al momento de la cocción.

Precalienta el horno a 200 °C. Coloca una rendija (rejilla) con una charola (bandeja) debajo.

Calienta una cacerola mediana a fuego medio; agrega la mantequilla y, una vez fundida, coloca la cebolla y el ajo. Cocina por 7 minutos o hasta que la cebolla tome un color dorado. Añade el azúcar y el vinagre, y cocina hasta que se evapore lo más posible el vinagre.

Coloca el pollo en la charola (bandeja) y cubre con la mezcla anterior. Tapa todo con papel aluminio y hornea 45 minutos.

Retira el papel aluminio y hornea por 20 minutos más, bañando constantemente la piel del pollo con el líquido. Retira del horno cuando la piel del pollo esté dorada y crujiente.

PARA SERVIR
Calienta una sartén a fuego alto 5 minutos y añade las tortillas, dando vuelta tras vuelta hasta que se calienten, 2 o 3 minutos. Coloca el pollo en un plato grande y acompaña con tortillas, cebolla caramelizada, guacamole, un cachete de limón verde (lima) y alguna de nuestras salsas.

TACOS DE KEBAB

Tiempo de preparación: 20 minutos
Tiempo de cocción: 30 minutos
Rendimiento: 4 piezas

Para la carne:

- 500 g de carne molida de cordero
- 10 piezas de clavo de olor molido
- 10 piezas de semillas de cilantro molidas
- 1 cucharada de ajo en polvo
- 1 cucharada de cebolla en polvo
- 1 cucharada de páprika
- 1 cucharadita de comino molido
- ½ cucharada de canela molida
- ½ cucharadita de nuez moscada molida
- ½ cucharada de sal
- 5 ramitas de eneldo fresco, picado finamente
- 2 cucharadas de aceite de oliva

Para servir:

- 4 piezas de pan pita
- 1 pepino, cortado en círculos delgados
- ½ pieza de col morada, cortada en tiras delgadas
- 4 piezas de jitomate (tomate), cortadas en rodajas
- Alioli (ver pág. 184)
- Nuestras salsas (ver págs. 184-197)

Normalmente, un *kebab* se hace en una parrilla de carbón cuyo calor no se deja morir nunca. El olor de toda la vida se impregna en cada «taco» gracias al trabajo de años y años de tizne y humo y grasa de cordero interminablemente goteada sobre ese carbón. En esta versión casera, nosotros les proponemos hacerla en el *grill*. *Next best thing*.

PARA LA CARNE
En un *bowl* grande mezcla todos los ingredientes, excepto el aceite.

Calienta una sartén mediana a fuego alto y engrasa con el aceite. Añade la carne y cocina por 20 minutos o hasta que tenga un color dorado.

PARA SERVIR
Calienta una sartén mediana a fuego alto 5 minutos. Añade el pan pita, dando vuelta tras vuelta hasta que se caliente, 2 o 3 minutos. Con ayuda de un cuchillo, realiza una incisión lateral en el pan, para después rellenarlo con la carne, el pepino, la col y el jitomate (tomate). Acompaña con el alioli y alguna de nuestras salsas.

TACOS DE CABEZA DE RES

TACOS DE CABEZA DE RES

Tiempo de preparación: 20 minutos
Tiempo de cocción: 2-3 horas
Rendimiento: 4 piezas

Para la carne:
- 200 g de cabeza de res lavada y cortada
- ½ pieza de cebolla blanca, cortada en cubos
- 3 dientes de ajo limpios
- 10 hojas de laurel seco
- 6 ramitas de tomillo seco
- 6 ramitas de mejorana seca
- ½ cucharada de sal

Para servir:
- 200 g de carne de cabeza de res cocida
- 4 piezas de tortilla de maíz (ver pág. 200)
- ½ pieza de cebolla blanca, cortada en cubos pequeños
- 5 ramitas de cilantro, picado no tan fino
- Cachetes de limón verde (lima)

Para este taco callejerísimo no indicamos piezas específicas de la cabeza de res, pero a nadie le hará daño pedirle surtidita al carnicero: cachete (carrilleras), trompa (morro), lengua, tal vez un poco de ojo si le sobra. Las posibilidades son amplias.

PARA LA CARNE
Coloca todos los ingredientes en una cacerola grande y cubre con agua. Cuando rompa el hervor, baja el fuego y cocina de 2 a 3 horas hasta que la carne esté muy suave. (Puedes emplear una olla exprés para reducir el tiempo de cocción.) Cuela y reserva la carne.

PARA SERVIR
Calienta una sartén mediana a fuego alto 5 minutos. Añade las tortillas, dando vuelta tras vuelta hasta que se calienten, 2 o 3 minutos. Coloca las tortillas de maíz en un plato, cubre con la carne y acompaña con cebolla blanca, cilantro picado y un cachete de limón verde (lima).

TACOS DE CANASTA

TACOS DE CANASTA

Tiempo de preparación: 20 minutos
Tiempo de cocción: 35 minutos
Rendimiento: 16 piezas

Para la carne:

- 20 piezas de chile guajillo, sin venas ni semillas
- 1 pieza de cebolla blanca grande, cortada en cubos grandes
- 6 dientes de ajo
- 10 piezas de pimienta negra
- 5 piezas de clavo de olor molido
- 3 piezas de chile de árbol seco
- ½ cucharadita de comino molido
- 1 pizca de sal
- 2 cucharadas de aceite de oliva
- 500 g de chicharrón seco (ver pág. 56 [tacos de chicharrón estilo Monterrey])

Para servir:

- 2 cucharadas de aceite de oliva
- 16 piezas de tortilla de maíz (ver pág. 200)
- Cebolla morada encurtida (ver pág. 190)
- 4 piezas de cachete de limón verde (lima)
- Nuestras salsas (ver págs. 184-197)

El taco de canasta pertenece a la familia del taco de guisado. Aquí recurrimos a un taco de chicharrón en salsa roja —puede ser el de la receta de chicharrón estilo Monterrey (ver pág. 56)—, pero pueden hacerlo de frijoles refritos, de papa con chorizo, de picadillo, hey, hasta de cochinita pibil (ver pág. 36). El proceso será el mismo.

PARA LA CARNE
Calienta una cacerola a fuego medio y añade los chiles, la cebolla y el ajo. Cubre con agua para después cocinar por 15 minutos o hasta que los chiles estén suaves. Cuela.

Tritura lo anterior, agregando las especias y una pizca de sal, hasta obtener una mezcla muy homogénea.

Calienta una cacerola mediana a fuego medio por 5 minutos y engrasa con el aceite. Vierte ¾ partes de la salsa, así como el chicharrón. Cocina por 10 minutos o hasta que el chicharrón absorba la mayor cantidad de salsa y tenga una consistencia espesa.

Mientras el chicharrón está en cocción, coloca una canasta cubierta con una bolsa de plástico grande. Introduce algunos trapos que permitan guardar el calor y, por último, un poco de papel café o papel de estraza. Todo esto para mantener la temperatura de los tacos.

PARA SERVIR
Calienta una sartén a fuego medio por 5 minutos. Engrasa con el aceite. Una vez caliente la sartén, sumerge las tortillas en la salsa de chiles, retira el exceso y lleva a la sartén. Hazlo por tandas, de ser necesario.

Cocina las tortillas con salsa 1 minuto de cada lado, retira de la sartén, rellena con el guiso de chicharrón y dobla por la mitad para después acomodar dentro de la canasta, tapándolas con los trapos y el papel café o de estraza. Cubre con la bolsa de plástico.

Reposa los tacos dentro de la canasta por 10 minutos. Coloca en un plato extendido para finalmente cubrirlos con la cebolla morada encurtida, un cachete de limón verde (lima) y alguna de nuestras salsas.

TACOS
ORIGINALES

TACOS DE COL DE BRUSELAS

TACOS DE COL DE BRUSELAS

-30

Tiempo de preparación: 20 minutos
Tiempo de cocción: 10 minutos
Rendimiento: 4 piezas

Para la crema picante de cacahuate (cacahuete):

- 100 g de cacahuate (cacahuete)
- 1 cucharada de Aleppo
- Sal

Para las coles de Bruselas fritas:

- 1 l de aceite vegetal
- 20 piezas de col de Bruselas, cortadas a la mitad o en 4
- 3 cucharadas de *mirin*
- 2 cucharadas de *tamari*
- 2 cucharadas de *yuzu kosho* (ver pág. 130)
- 1 cucharada de salsa de pescado
- Jugo de 2 piezas de limón verde (lima)
- Sal

Para la ensalada de poro (puerro):

- 1 pieza de poro (puerro) tierno cortada
- 4 cucharadas de cacahuate (cacahuete) tostado y picado
- 10 hojas de cilantro picadas

Para servir:

- 4 piezas de tortilla de maíz (ver pág. 200)
- 1 pieza de aguacate sin piel ni hueso, cortada en láminas
- 4 piezas de cachete de limón verde (lima)

Nos funciona muy bien en el invierno de Nueva York, cuando hay poca disponibilidad de productos. La col de Bruselas no te la imaginas casi nunca en los tacos, pero funciona muy bien frita. Parte central de los tacos es esta cualidad grasosita. Cuando no tiene ese componente, la gente califica a un taco como malo. En este caso, la col de Bruselas tiene un picor y una cantidad de grasa fuertes. La col en México siempre se ha utilizado más como jardín, y no como ingrediente principal, y eso también resulta interesante: que el jardín sea el elemento principal.

PARA LA CREMA PICANTE DE CACAHUATE (CACAHUETE)
Calienta una sartén a fuego medio con los cacahuates (cacahuetes). Sé cuidadoso de mover constantemente esta mezcla para evitar que se quemen, pero procurando que queden bien tostados. Mientras están calientes, lleva a la licuadora y tritura hasta obtener una pasta líquida. Agrega el Aleppo, tritura de nuevo, sazona con sal y reserva en el refrigerador.

PARA LAS COLES DE BRUSELAS FRITAS
Calienta una cacerola con el aceite vegetal a fuego medio.

Mientras, calienta otra cacerola con agua y 2 cucharadas de sal hasta que rompa el hervor.

Lleva las coles a una primera cocción rápida en agua (1 o 2 minutos) para después llevarlas a una segunda cocción en aceite (por 4 o 5 minutos o hasta que tomen un color dorado). Quita el exceso de grasa con papel absorbente y reserva en un recipiente hondo.

Adereza las coles fritas con *mirin*, *tamari*, *yuzu kosho*, salsa de pescado y la mitad del jugo de limón verde (lima). Rectifica de sal y reserva.

PARA LA ENSALADA DE PORO (PUERRO)
Aliña los poros (puerros), cacahuates (cacahuetes) y cilantro con el resto del jugo de limón verde (lima) y sal.

PARA SERVIR
Calienta una sartén mediana a fuego alto 5 minutos. Añade las tortillas, dando vuelta tras vuelta hasta que se calienten, 2 o 3 minutos. Sirve las tortillas, esparce 1 cucharada de crema picante de cacahuate (cacahuete), añade las coles fritas y acompaña con la ensalada de poro (puerro), rebanadas de aguacate y un cachete de limón verde (lima).

TACOS DE CAMARÓN

Tiempo de preparación: 20 minutos
Tiempo de cocción: 20 minutos
Rendimiento: 4 piezas

Para el camarón (langostino) adobado:

- 10 piezas de chile guajillo secos
- 5 piezas de chile ancho seco
- ½ pieza de cebolla blanca, cortada en cubos grandes
- 3 dientes de ajo
- 2 cucharadas de aceite vegetal
- 15 piezas de camarón (langostino) crudo limpio, cortadas en cubos
- 100 g de queso Chihuahua rallado

Para servir:

- 4 piezas de tortilla de maíz (ver pág. 200)
- 4 cucharadas de pasta de frijol (ver pág. 76 [tacos de guisado de cubeta])
- 3 cucharadas de camarón (langostino) adobado
- ½ pieza de cebolla blanca, cortada en pluma
- 2 piezas de chile serrano, cortadas en aros delgados
- 6 hojas de lechuga picadas
- Hojas de cilantro enteras
- 4 piezas de cachete de limón verde (lima)

Este taco es una variación en este mundo de los tacos adobados, pero es también bastante común. Proviene de la región del Pacífico bajo (Guerrero), donde los adobos se emplean mucho. La idea es que el adobo se use con moderación, que no opaque el sabor del ingrediente principal. Me gustan con tortillas de maíz, de harina, o con tortillas híbridas mitad harina, mitad maíz, que en la zona de Jalisco se utilizan para la birria.

PARA EL CAMARÓN (LANGOSTINO) ADOBADO
En una cacerola mediana, agrega los chiles, la cebolla y el ajo. Cubre con agua y lleva a hervir a fuego medio por 10 minutos o hasta que los chiles estén suaves.

Pasado el tiempo, cuela todo y tritura hasta obtener una pasta espesa.

Precalienta una sartén a fuego medio. Coloca el aceite, los camarones (langostinos) y el adobo. Cocina por 7 minutos o hasta que comience a tener un color rojo intenso. Cubre con queso y deja que se gratine.

PARA SERVIR
Calienta una sartén mediana a fuego alto 5 minutos. Añade las tortillas, dando vuelta tras vuelta hasta que se calienten, 2 o 3 minutos. Coloca las tortillas en un plato, esparce 1 cucharada de la pasta de frijol y cubre con el camarón (langostino) con queso. Acompaña con la mezcla de cebolla y chiles serranos y la lechuga. Decora con cilantro y un cachete de limón verde (lima).

TACOS DE TOSTADA DE ALMEJA, PASTA DE HORMIGA

TACOS DE TOSTADA DE ALMEJA REINA, PASTA DE HORMIGA CHICATANA

Tiempo de preparación: 20 minutos
Tiempo de cocción: 20 minutos
Rendimiento: 4 piezas

Para la pasta de chicatana:
- 70 g de chicatana
- 2 cucharadas de aceite vegetal
- 1 pieza de cebolla blanca, cortada en cubos
- 1 pieza de chile habanero, cortada en 4
- 1 cucharada de sriracha
- 2 cucharadas de salsa de soya (soja)
- ½ cucharadita de salsa de pescado
- ½ cucharadita de vinagre de arroz
- ½ cucharada de aceite de ajonjolí (sésamo)
- 1 cucharada de *yuzu*

Para el ceviche de almeja:
- 12 piezas de almejas, limpias y picadas
- 1 pieza de pepino, cortada en cubos pequeños
- 10 piezas de cebollín (cebollino), picadas finamente
- ½ pieza de cebolla morada, cortada en cubos pequeños
- 5 piezas de tallo de cilantro, picadas finamente
- 1 pieza de chile manzano sin semilla y picada finamente
- Jugo de 1 pieza de limón
- 1 cucharada de salsa de pescado
- 1 cucharada de *yuzu*
- Sal

Para servir:
- 4 piezas de tostadas de maíz (puedes comprarlas o tostar una tortilla 10 minutos a 100 °C en el horno o hasta que esté seca y crujiente. Deja que se enfríe unos minutos)
- 2 piezas de aguacate grandes sin piel ni hueso, cortadas en láminas
- Hojas de cilantro
- Nuestras salsas (ver págs. 184-197)

Es un taco mar y tierra —mariscos con carne de res— llevado al mundo de los insectos. Creo que este sabor tan fuerte de umami de las hormigas te permite ponerlo al lado de las almejas. Nos parece una combinación armoniosa entre la tierra profunda de una hormiga con el sabor marino de las almejas. No es común, pero en Pinotepa Nacional, en el estado de Oaxaca, es común preparar iguanas con hormigas chicatanas, y la iguana tiene ese tono marino. Ésa podría ser quizá nuestra inspiración para esta combinación de sabores.

Precalienta el horno a 120 °C.

PARA LA PASTA DE CHICATANA
Coloca la hormiga chicatana en una charola (bandeja) con papel encerado y lleva al horno por 20 minutos o hasta que la hormiga esté completamente seca.

Mientras, calienta una cacerola a fuego medio y engrasa con el aceite. Agrega la cebolla y el chile habanero. Cocina por 10 minutos, moviendo de vez en cuando, o hasta que la cebolla esté caramelizada.

Tritura la hormiga, la cebolla con habanero y el resto de los ingredientes hasta tener una pasta espesa.

PARA EL CEVICHE DE ALMEJA
En un *bowl* grande, coloca la almeja, el pepino, el cebollín (cebollino), la cebolla, el cilantro y el chile manzano. Mezcla todo muy bien y sazona con el jugo de limón, la salsa de pescado, el *yuzu* y la sal.

PARA SERVIR
Unta 1 cucharada de pasta de chicatana sobre cada tostada. Coloca 4 láminas de aguacate y 2 o 3 cucharadas del ceviche de almeja. Decora con las hojas de cilantro y acompaña con alguna de nuestras salsas.

SOPES DE PULPO

SOPES DE PULPO

Tiempo de preparación: 20 minutos
Tiempo de cocción: 1 hora
Rendimiento: 4 piezas

Para el pulpo:

- 3 cucharadas de aceite vegetal
- 2 piezas de zanahoria, cortadas en rodajas
- 1 pieza de cebolla, cortada en cubos grandes
- 3 ramas de apio, cortadas en rodajas
- 1 pieza de poro (puerro), cortada en rodajas
- ¼ de cucharadita de sal
- 1 pieza de pulpo de 1 kg (tentáculos)

Para el hummus de ayocote:

- 250 g de ayocote blanco
- 4 dientes de ajo
- Jugo de 2 piezas de limón, y un poco más para aderezar
- 1 cucharada de aceite de ajonjolí (sésamo)
- 1 cucharada de aceite de habanero
- 1 cucharada de aceite de ajo
- Sal

Para el pico de gallo de aceituna Kalamata:

- 10 piezas de aceituna Kalamata, picadas en cubos pequeños
- 1 pieza de jitomate (tomate), cortada en cubos pequeños, sin semilla
- ½ pieza de cebolla blanca, cortada en cubos pequeños
- 5 tallos de cilantro, picados finamente
- Jugo de limón
- Sal

Para servir:

- 4 piezas de sope (tiene el mismo proceso que la tortilla [ver pág. 200], con la diferencia de que es más grueso; pellizca los bordes para evitar que el relleno se salga)
- 4 cucharadas de hummus de ayocote
- 4 cucharadas de pico de gallo de aceituna Kalamata
- Hojas de cilantro
- 4 piezas de cachete de limón

En Estados Unidos nos hemos acostumbrado a no utilizar la pasta de frijol como una constante en sopes, huaraches y tlayudas, y siempre estamos abiertos a la posibilidad de utilizar otra legumbre: garbanzo, ayocote, frijoles, chícharos (guisantes)... Es una idea muy bonita, cambiarlo incluso por temporadas, eso te permite tener un poco de juego. Por ejemplo, en primavera usar chícharos (guisantes); en verano, garbanzos; en otoño e invierno, algún frijol. Se puede o no utilizar también manteca, aceite de oliva o algún otro tipo de aceite para prepararlos.

En el caso del pulpo, nos gusta utilizar tropezones un poco más grandes, que den textura —lo que más me gusta del pulpo es la textura—. Lo hemos hecho de diferentes maneras: la salsa de arriba puede ser muy sencilla, un alcaparrado, que funciona muy bien, una especie de chimichurri (ver pág. 186) o hierbas frescas (cilantro, quelites y verdolaga).

PARA EL PULPO
Calienta una cacerola grande a fuego medio. Engrasa con el aceite y coloca todos los ingredientes de la cocción, con excepción del pulpo. Agrega agua hasta ¾ de la cacerola. Una vez que el agua rompa el hervor, cocina el pulpo por 30 minutos, destapado, para después apagar el fuego, tapar y reposar por 20 minutos más.

Cuela el pulpo sin guardar el agua de la cocción. Corta los tentáculos en rodajas de medio dedo de grosor.

PARA EL HUMMUS DE AYOCOTE
Tritura todos los ingredientes excepto la sal con 2 litros de agua hasta obtener una pasta tersa. Sazona con sal y rectifica la acidez con el jugo de limón.

PARA EL PICO DE GALLO DE ACEITUNA KALAMATA
En un recipiente hondo, adereza todos los ingredientes del pico de gallo con limón y sal.

PARA SERVIR
Calienta una sartén mediana a fuego alto 5 minutos. Añade el sope, dando vuelta tras vuelta para evitar que se queme, 2 o 3 minutos. Unta 1 cucharada de hummus de ayocote sobre el sope, esparce 1 cucharada de pico de gallo y coloca los tentáculos de pulpo (comenzando del centro y en forma de espiral). Decora con cilantro y un cachete de limón.

TACOS DE WAGYU CROSS, YUZU KOSHO, FLOR DE HINOJO

TACOS DE WAGYU CROSS, YUZU KOSHO, FLOR DE HINOJO

Tiempo de preparación: 20 minutos
Tiempo de cocción: 15 minutos
Rendimiento: 4 piezas

Para el *yuzu kosho*:
- 2 piezas de limón
- 2 piezas de limón verde (lima)
- 2 piezas de naranja
- 2 piezas de toronja
- 100 g de chile serrano rojo, sin rabo

Para el aceite de ajo y tomillo:
- 250 ml de aceite vegetal
- 1 cabeza de ajo limpia, picada finamente
- 10 ramitas de tomillo fresco

Para servir:
- 200 g de *rib eye* de *wagyu*
- 4 piezas de tortilla de maíz (ver pág. 200)
- ¼ de cucharadita de sal
- Cachetes de limón verde (lima)
- Flor de hinojo, para decorar

Utilizar un corte de mucha calidad, tocarlo poco, dejar que se exprese la carne. Eso es algo con lo que siempre hemos tenido un debate interno. En los tacos, a diferencia del *sushi*, siempre quieres una potencia de sabor, y muchas veces esa potencia puede esconder la calidad de la carne. Por eso decidimos ponerle hinojo, porque de alguna manera permite que sobresalga la elegancia del corte. Si usaras un *kosho* de serrano muy fuerte, no tendría caso ponerle *wagyu*. Cuando tienes un producto de tanta calidad, hay que hacerse a un lado, en términos de potencia de sabores, y hacer un taco más sutil.

Precalienta el *grill* por 10 minutos a fuego alto.

PARA EL *YUZU KOSHO*
Toma la ralladura de todos los cítricos y combina con una pasta de chiles, la cual será únicamente de chile serrano triturado en un molcajete (mortero) con el jugo de 1 pieza de limón verde (lima) y 1 pieza de toronja. Mezcla todo y reserva.

PARA EL ACEITE DE AJO Y TOMILLO
Confita los ajos y el tomillo por 10 minutos a fuego bajo en una sartén con el aceite. Cuela y reserva.

PARA SERVIR
Una vez caliente el *grill*, cocina la carne en intervalos de 1 o 2 minutos por lado; retira cuando sea visible la línea del *grill*. Retira del fuego, deja reposar por 2 minutos y corta en 20 láminas.

Calienta ahí mismo las tortillas, dando vuelta tras vuelta hasta que se calienten, 2 o 3 minutos. Coloca la tortilla en un plato, unta 1 cucharada pequeña de *yuzu kosho* y cubre con 5 láminas de carne. Baña todo con 1 cucharada de aceite de ajo y añade una pizca de sal y un cachete de limón verde (lima). Para terminar, decora con flor de hinojo.

FLAUTAS DE PESCADO

FLAUTAS DE PESCADO

Tiempo de preparación: 30 minutos
Tiempo de cocción: 40 minutos
Rendimiento: 8 piezas

Para la salsa de machaca:
- 2 cucharadas de aceite vegetal
- 10 piezas de jitomate (tomate) grande
- 1 cucharada de aceite de pepita de uva
- 10 piezas de chile guajillo, cortadas en guindillas
- 15 piezas de aceituna verde sin hueso
- 10 piezas de chile güero
- 6 dientes de ajo, picados finamente
- 1 pieza de cebolla blanca, picada

Para la machaca de pescado:
- 4 cucharadas de aceite de pepita de uva
- 250 g de atún fresco

Para las flautas:
- 1 l de aceite vegetal
- 8 piezas de tortilla de maíz (ver pág. 200)
- ½ pieza de col morada, cortada finamente
- Jugo de limón
- Sal

Para servir:
- Cilantro picado
- 4 cucharadas de crema (nata) fresca
- 4 cucharadas de queso Cotija
- 4 piezas de cachete de limón verde (lima)
- Nuestras salsas (ver págs. 184-197)

Estos tacos, elaborados con machaca de atún, son una buena forma de aprovechar el pescado y evitar el desperdicio. Pueden hacerse con la carne que sobre de otras preparaciones con atún, a fin de maximizar un producto de calidad.

PARA LA SALSA DE MACHACA
Tatema (asa) los jitomates (tomates) en una sartén a fuego alto con el aceite vegetal hasta que comiencen a asarse y soltar su jugo, unos 5 minutos.

Mientras, precalienta una olla, engrasa con el aceite de pepita de uva y comienza a freír el chile guajillo hasta que esté tostado y fragante, cuidando que no tome un color oscuro. Agrega las aceitunas, el chile güero, el ajo y la cebolla. Una vez estén ligeramente caramelizados, agrega los jitomates (tomates) tatemados (asados). Cocina por 20 minutos a fuego medio o hasta que los jitomates (tomates) cambien de color. Tritura y reserva.

PARA LA MACHACA DE PESCADO
Precalienta una cacerola a fuego alto por 5 minutos. Agrega el aceite y de inmediato el atún. Con ayuda de una cuchara o espátula, mueve el pescado para cocinarlo de todos lados. Una vez que comienza a tomar un color dorado, aplasta con la cuchara, procurando que se «deshebre».

Agrega la mezcla antes triturada, reduce la temperatura a la mitad y cocina por 10 minutos hasta formar una pasta.

PARA LAS FLAUTAS
Precalienta una cacerola amplia a fuego alto con el aceite vegetal hasta que alcance los 140 °C. Rellena las tortillas con 2 cucharadas de machaca de pescado y enróllalas de manera muy firme. Usa palillos para evitar que se deshagan. Lleva a fritura por 3 minutos o hasta que las tortillas comiencen a tener un tono dorado. Retira del aceite y, con ayuda de papel absorbente, retira el exceso de grasa.

Adereza la col con limón y sal.

PARA SERVIR
Coloca las flautas en un plato y cubre con la col, el cilantro, la crema (nata) y el queso Cotija. Acompaña con un cachete de limón verde (lima) y alguna de nuestras salsas.

TACOS DE SUADERO

TACOS DE SUADERO

Tiempo de preparación: 20 minutos, más 2 horas para marinar
Tiempo de cocción: 2 horas 45 minutos, plus 45 minutos para reposar
Rendimiento: 8 piezas

Para el suadero:

- 100 g de sal
- 600 g de *brisket*
- 2 cucharadas de aceite vegetal, para engrasar
- 1 pieza de cebolla blanca, cortada en cubos
- 4 dientes de ajo, picados finamente
- 4 piezas de chile ancho, sin venas ni semillas
- 5 hojas de laurel seco
- 10 piezas de pimienta gorda (de Jamaica)

Para los rábanos:

- 2 piezas de rábano, cortadas en rodajas
- ½ pieza de cebolla morada, cortada en pluma
- Jugo de limón
- Sal

Para servir:

- 8 piezas de tortilla de maíz (ver pág. 200)
- 300 g de suadero
- Hojas de cilantro
- 4 piezas de cachete de limón verde (lima)
- Nuestras salsas (ver págs. 184-197)

Éstos son quizá los tacos más populares de la Ciudad de México, elaborados con cortes de la panza de res. Su preparación, a fuego lento, en agua y su propia grasa, hace que la carne quede dorada pero jugosa y tierna. Cerca de Pujol se encuentra El Rey del Suadero, una taquería muy visitada por el personal del restaurante; es «nuestra taquería de la esquina», por así decirlo, y estos tacos, por supuesto, son de los más populares.

PARA EL SUADERO
En un *bowl*, diluye la sal en 3 litros de agua. Incorpora la carne y reposa por 2 horas en el refrigerador.

Retira la carne de la salmuera y quita el exceso de agua con papel absorbente. Calienta una budinera (recipiente de cobre o hierro) a fuego alto por 5 minutos, engrasada con aceite vegetal. Agrega la cebolla y el ajo y sofríe por 10 minutos o hasta que la cebolla tenga un color dorado.

Una vez que la cebolla esté caramelizada, sella la carne en la cacerola dando intervalos 5 a 10 minutos por lado. Agrega los chile y las especias, y cubre todo con agua. Una vez que rompa el hervor, baja la temperatura a fuego medio, tapa y cocina por 20 minutos.

Precalienta el horno a 180 °C.

Introduce la budinera (recipiente de cobre o hierro) con la carne y cocina por 2 horas más en el horno. Retira del horno y deja reposar, tapada, 45 minutos.

Retira el jugo de la carne y, con ayuda de una tabla y un cuchillo, corta todo en cubos grandes.

PARA LOS RÁBANOS
En un *bowl*, adereza los rábanos y la cebolla con limón y sal.

PARA SERVIR
Calienta una sartén a fuego alto 5 minutos y añade las tortillas, dando vuelta tras vuelta hasta que se calienten, 2 o 3 minutos. Coloca la tortilla en un plato y agrega la carne. Acompaña con los rábanos, la cebolla, hojas de cilantro, un cachete de limón verde (lima) y alguna de nuestras salsas.

FLAUTAS DE AGUACATE

FLAUTAS DE AGUACATE

-30

Tiempo de preparación: 20 minutos
Tiempo de cocción: 10 minutos
Rendimiento: 4 piezas

Para el camarón (langostino):
- 250 g de camarón (langostino) cristal, limpio y picado
- 10 hojas de cilantro
- 25 g de cebolla blanca, cortada en cubos pequeños
- 2 piezas de chile serrano, cortadas en cubos pequeños
- Jugo de limón verde (lima)
- Sal

Para el aceite verde:
- 4 cucharadas de aceite vegetal
- 100 g de hojas de cilantro

Para el puré de chipotle:
- 320 g de chile chipotle limpio

Para la mayonesa de chipotle:
- 1 pieza de yema de huevo
- 1 pizca de sal
- 2 cucharaditas de jugo de limón
- 1 cucharadita de mostaza de Dijon
- 300 ml de aceite vegetal

Para servir:
- 1 pieza de aguacate
- 4 cucharadas de mayonesa de chipotle
- Sal de Colima
- Ralladura de 1 pieza de limón verde (lima)

Fueron uno de nuestros primeros gestos hacia el mundo del taco. Derivan de un platillo casero muy común —los aguacates rellenos— y evolucionaron en el restaurante hasta llegar a estas flautas.

Precalienta el horno a 150 °C.

PARA EL CAMARÓN (LANGOSTINO)
Coloca el camarón (langostino) en una bolsa de vacío y cocina en el horno durante 5 minutos.

Deja reposar dentro de la bolsa fuera del horno.

Retira el camarón (langostino) de la bolsa, corta en cubos medianos, agrega el cilantro, la cebolla y el chile serrano y adereza con limón verde (lima) y sal. Reserva.

PARA EL ACEITE VERDE
Calienta el aceite vegetal en una olla a fuego alto hasta que alcance los 140 °C. Licua las hojas de cilantro con el aceite tibio, pasa por un chino de malla fina y reserva en una mamila (biberón).

PARA EL PURÉ DE CHIPOTLE
Hidrata en agua tibia los chiles por 10 minutos o hasta que estén suaves. Cuela, coloca los chiles en la licuadora y tritura poco a poco, agregando 200 ml de agua hasta obtener un puré homogéneo. Pasa por un chino de malla fina y reserva.

PARA LA MAYONESA DE CHIPOTLE
Coloca en un *bowl* la yema de huevo y una pizca de sal. Con ayuda de un batidor de globo, bate todo hasta que emulsione y se disuelva la sal. Agrega la mitad del jugo de limón, la mostaza y el aceite en forma de hilo, sin dejar de batir, hasta que tenga la textura de una mayonesa. Incorpora el puré de chipotle y el resto del limón. Reserva en refrigeración.

PARA SERVIR
Corta el aguacate en láminas grandes y delgadas.

Coloca la mezcla de camarón (langostino) a la mitad de un plato con las láminas de aguacate encima. Enróllalas para formar una flauta.

Dispón una gota larga de aceite verde a la mitad de un plato extendido; coloca la flauta de aguacate justo a la mitad de la gota. Al final de ésta coloca 2 cucharadas de la mayonesa para formar una *quenelle* y espolvorea con sal y la ralladura de limón verde (lima).

TACOS DE CEVICHE DE PESCADO

TACOS DE CEVICHE DE PESCADO

Tiempo de preparación: 20 minutos, más 1 hora para marinar
Tiempo de cocción: 5 minutos
Rendimiento: 4 piezas

Para el pescado marinado:

- 1 pieza de coco con agua, limpio, picado no tan fino
- 140 ml de agua de coco
- 250 ml de jugo de limón verde (lima)
- 1 pieza de chile güero
- 2 cucharaditas de sal
- 120 g de pescado blanco (robalo o extraviado) en 12 láminas

Para servir:

- 4 piezas de tortilla de maíz (ver pág. 200)
- 4 láminas de jícama
- 1 pieza de aguacate criollo en cubos
- ¼ de pieza de cebolla morada en juliana
- 1 pieza de chile güero, cortado en rodajas
- Brotes de cilantro, para decorar
- Brotes de hierbabuena, para decorar
- Hojas de hinojo, para decorar

El ceviche en México es un platillo de consumo muy extendido. Por lo general se sirve en tostadas, pero en lo personal, la combinación del frío del relleno y el caliente de la tortilla, me parece deliciosa.

PARA EL PESCADO MARINADO
Licua todos los ingredientes, menos el pescado. Pasa por un colador de malla fina y marina el pescado por 1 hora en el refrigerador.

PARA SERVIR
Calienta una sartén a fuego alto 5 minutos y añade las tortillas, dando vuelta tras vuelta hasta que se calienten, 2 o 3 minutos. Coloca las tortillas en un plato sopero, cubre con 1 lámina de jícama y 3 láminas de pescado. Al centro de las láminas, distribuye aguacate criollo, cebolla morada, chile güero, brotes de cilantro y hierbabuena, e hinojo.

TOSTADAS DE KOBE

Tiempo de preparación: 30 minutos, más 24 horas para deshidratar
Rendimiento: 4 piezas

Para las tostadas de *kobe*:
- 200 g de láminas delgadas congeladas de *rib eye* de *kobe*
- 60 g de sal de Colima

Para el guacamole:
- 2 piezas de aguacate sin piel ni hueso
- 1 cucharada de jugo de limón verde (lima)
- Sal

Para servir:
- 1 pieza de chile serrano en láminas, sin venas ni semillas
- 2 cucharadas de cebolla de Cambray en juliana
- 4 piezas de jitomate (tomate) *cherry* rojo, cortadas a la mitad
- 4 piezas de jitomate (tomate) *cherry* amarillo, cortadas a la mitad
- 4 hojas de epazote

Para este platillo usamos la carne seca a modo de tostada, como la base sobre la que se colocan el resto de los ingredientes. Congela el *rib eye* al menos con 1 día de anticipación.

PARA LAS TOSTADAS DE *KOBE*
Retira el *rib eye* del congelador y corta horizontalmente en 4 rodajas gruesas para a continuación cortar en 4 círculos. Colócalos en una charola (bandeja) con papel encerado. Espolvorea con la sal y reposa en un lugar seco por 24 horas, destapado, para que se deshidrate la carne.

Una vez seca, retira el exceso de sal con un paño limpio o una brocha, y reposa sobre el papel encerado de nuevo hasta que esté rígida. Reserva en un recipiente hermético.

PARA EL GUACAMOLE
Coloca el aguacate en el molcajete (mortero), agrega el jugo de limón verde (lima), sazona con sal y, con ayuda de la piedra, incorpora todo hasta tener una pasta martajada.

PARA SERVIR
Coloca en un plato trinche 1 tostada de *rib eye* de *kobe*, unta 1 cucharada de guacamole, distribuye el chile serrano, la cebolla de Cambray, 2 mitades de *cherry* rojo, 2 de *cherry* amarillo y 1 hoja de epazote.

TACOS DE ENTOMATADO DE CONEJO

TACOS DE ENTOMATADO DE CONEJO

Tiempo de preparación: 20 minutos
Tiempo de cocción: 1 hora
Rendimiento: 4 piezas

Para la tortilla de hoja santa:
- 80 g de masa de maíz para tortilla
- 4 piezas de hoja santa

Para el entomatado de conejo:
- 4 cucharadas de aceite de pepita de uva
- 4 piezas de conejo (400 g, recomendamos extremidades)
- ½ pieza de cebolla, cortada en rodajas
- 1 diente de ajo, rebanado en 3 partes
- 1 pieza de chile mixe, en guindillas
- 3 piezas de jitomates (tomates) grandes, cortadas en octavos
- 15 piezas de tomates verdes (tomatillos), cortadas a la mitad
- 1 pieza de hoja santa seca
- 1 pieza de hoja de laurel seco
- ½ cucharadita de semillas de comino

Para el puré de frijol:
- 250 g de frijol negro, remojado una noche antes y colado
- ½ pieza de cebolla blanca, picada
- 2 dientes de ajo
- 6 hojas de epazote
- 10 hojas de aguacate tostada
- ¼ de cucharadita de sal
- Aceite de oliva, para engrasar

Mi predilección por los entomatados proviene de que son platos elaborados en casa, algo que le gustaba preparar a mi mamá. En este caso, si se deseara sustituir la proteína, tendría que optarse por algo suave y neutro, como la iguana o el cerdo, por ejemplo.

PARA LA TORTILLA DE HOJA SANTA
Divide la masa en 4 porciones y bolea con la palma de la mano. Coloca una bolita entre 2 láminas de *vitafilm*. Con una prensa para tortillas o rodillo, presiona, para aplastarla. Abre la prensa, retira el *vitafilm* y coloca una hoja santa sobre la tortilla. Vuelve cubrir con el *vitafilm* y vuelve a presionar. Con ayuda de un aro, corta los bordes para lograr un contorno limpio.

Cocina en un comal a fuego medio por 20 segundos de cada lado, aproximadamente. Reserva calientes. Repite el proceso hasta terminar la masa.

PARA EL ENTOMATADO DE CONEJO
Calienta una cacerola grande a fuego alto, engrasa con el aceite y sella las piezas de conejo hasta que estén doradas por los dos lados. Agrega la cebolla y el ajo sin retirar el conejo, cocina por 10 minutos o hasta que la cebolla esté dorada. Añade el chile y cocina por 2 minutos más. Agrega los jitomates (tomates) y los tomates verdes (tomatillos), cocina por 10 minutos e incorpora 1 litro de agua. Cuando el agua suelte el hervor, agrega la hoja santa, la hoja de laurel y el comino. Cocina a fuego bajo por 20 minutos o hasta que el conejo esté bien cocido y la salsa reduzca.

PARA EL PURÉ DE FRIJOL
Coloca los frijoles, la cebolla y el ajo en una olla. Cubre con agua y cocina a fuego medio por 30 minutos. Incorpora el epazote, la hoja de aguacate y la sal.

Deja que se enfríe y tritura hasta obtener una pasta tersa.

PARA SERVIR
Coloca la tortilla de hoja santa en un plato extendido y, sobre ésta, 1 porción de conejo con entomatado. Decora con unos botones de frijol.

TACOS DE BARBACOA CON CONSOMÉ

TACOS DE BARBACOA CON CONSOMÉ

Tiempo de preparación: 1 hora, más 3 horas para remojar
Tiempo de cocción: 4 horas
Rendimiento: 4 piezas

Para la tortilla verde:

- 30 g de hojas de cilantro
- 1 pieza de chile poblano, sin piel, venas ni semillas
- 80 g de masa de maíz para tortilla

Para el puré de aguacate y chícharo (guisantes):

- 1 aguacate sin piel ni hueso
- 1 pieza de chile serrano fresco, cortada en trozos grandes
- ¼ de pieza de cebolla blanca, cortada en trozos grandes
- 10 g de hojas de cilantro
- 75 g de chícharos (guisantes) blanqueados
- ¼ de cucharadita de sal

Para la barbacoa:

- 500 g de cordero lechal sin cartílagos
- 3 cucharadas de sal
- 1 pieza de penca de maguey (agave), troceada
- 1 pieza de hoja de aguacate
- 2 cucharadas de aceite vegetal

Para el consomé:

- 3 piezas de jitomate (tomate) grandes, cortadas en trozos grandes
- 5 piezas de chile guajillo seco, sin venas ni semillas
- 70 g de arroz
- 1 pieza de hoja santa
- 1 pieza de hoja de aguacate
- Sal

Para servir:

- 180 g de barbacoa
- Cacao en polvo
- 24 piezas de brote de cilantro
- 4 piezas de guía de chícharo (guisantes)
- Consomé

Es uno de los platillos más populares de México. Hay que tratar de cocinar la carne lo más lento posible, en su propio jugo —en olla exprés o budinera (recipiente de cobre o hierro)—. El jugo es delicioso, el taco siempre se debe servir con él al lado. La penca troceada añade sabor al platillo.

PARA LA TORTILLA VERDE
Licua el chile con el cilantro hasta formar un puré, agrega 1 cucharada de agua de ser necesario. Pasa por un chino de malla fina. Mezcla con la masa y amasa hasta que se integre.

Divide la masa en 4 porciones y bolea con la palma de la mano. Coloca una bolita entre 2 láminas de *vitafilm*. Con una prensa para tortillas o rodillo, presiona para aplastarla. Abre la prensa, retira el *vitafilm* y coloca una hoja santa sobre la tortilla. Vuelve cubrir con el *vitafilm* y a presionar. Con ayuda de un aro, corta los bordes para lograr un contorno limpio.

Cocina la tortilla verde en un comal a fuego medio por 20 segundos de cada lado. Reserva caliente. Repite el proceso hasta terminar la masa.

PARA EL PURÉ DE AGUACATE Y CHÍCHARO (GUISANTES)
Tritura todos los ingredientes, con excepción de la sal. Rectifica la sazón y pasa la mezcla por un chino de malla fina. Reserva en una mamila (biberón).

PARA LA BARBACOA
Calienta una budinera (recipiente de cobre o hierro) a fuego medio. Coloca el cordero con 750 ml de agua con sal, la penca de maguey (agave) y la hoja de aguacate por 3 horas. Cuela y reserva el caldo de la cocción para elaborar el consomé.

Deshuesa sin desgarrar la carne y porciona en 4 partes.

Calienta una sartén a fuego alto, engrasa con el aceite y sella la carne 5 minutos antes de servir.

PARA EL CONSOMÉ
En una budinera (recipiente de cobre o hierro) tapada, cocina a fuego medio el jitomate (tomate) y el chile guajillo con el caldo de cocción de la barbacoa y el arroz por 1 hora. Si hiciera falta, agrega un poco de agua para evitar que se reseque.

Tritura y pasa por un chino de malla fina. Regresa a la budinera (recipiente de cobre o hierro) a fuego medio.

Agrega la hoja santa y la hoja de aguacate. Rectifica la sazón y reserva. Retira las hojas antes de servir caliente.

PARA SERVIR
Coloca en un plato extendido una tortilla verde. Encima, la barbacoa y bombones de aguacate intercalados. Espolvorea con el cacao en polvo y decora con 6 brotes de cilantro y 1 guía de chícharo (guisante). Coloca el consomé caliente en una jarrita para verter sobre el taco al momento de servir.

TACOS DE CEBOLLA ASADA

TACOS DE
CEBOLLA ASADA

Tiempo de preparación: 10 minutos
Tiempo de cocción: 40 minutos
Rendimiento: 4 piezas

Para la cebolla asada:
- 1 pieza de cebolla blanca

Para los escamoles:
- 1½ cucharadas de mantequilla
- 2 cucharaditas de aceite de oliva
- 2 cucharadas de cebolla blanca, cortada en cubos pequeños
- 1 diente de ajo, picado finamente
- 1 pieza de chile serrano, cortada en cubos pequeños
- 200 g de escamoles
- 5 piezas de hojas de epazote, picadas finamente
- ¼ de cucharadita de sal

Para servir:
- 4 hojas de cebolla asada
- Brotes de epazote

Como los escamoles (larvas de hormiga) son un producto que proviene de abajo de la tierra, siempre me ha gustado servirlos con ingredientes que, igualmente, crecen debajo de la tierra: poro (puerro), cebolla, nabo... Nos gusta la idea de que dos ingredientes que se encuentran en el mismo lugar se preparen juntos. La cebolla, por otra parte, se utiliza comúnmente en su preparación y la combinación funciona muy bien. El taco no siempre es un emplatado, sino una manera de comer. Este platillo es un taco.

Precalienta el horno a 180 °C.

PARA LA CEBOLLA ASADA
Envuelve en papel aluminio la cebolla y hornea 40 minutos. Retira el papel aluminio, corta por la mitad, desgaja y reserva los 4 gajos más grandes (los demás se pueden usar en otras recetas).

PARA LOS ESCAMOLES
Calienta una sartén a fuego alto 2 o 3 minutos, agrega la mantequilla y el aceite de oliva. Saltea el ajo, la cebolla y el chile por 2 o 3 minutos o hasta que la cebolla se sienta tierna. Incorpora los escamoles y retira del fuego. Agrega el epazote y sazona.

PARA SERVIR
Coloca 1 gajo de cebolla sobre un plato extendido, rellena con los escamoles y decora con brotes de epazote.

TACOS DE GUAJOLOTE Y CHICHILO NEGRO

Tiempo de preparación: 1 hora 30 minutos
Tiempo de cocción: 1 hora
Rendimiento: 4 piezas

Para el puré de chirivía:
- 250 g de chirivía limpia y troceada
- 500 ml de crema para batir (nata espesa)
- 1 cucharadita de sal

Para la pechuga de guajolote (pavo):
- 180 g de pechuga de guajolote (pavo), sin piel ni huesos
- 3 cucharadas de mantequilla
- 2 cucharadas de mantequilla clarificada
- Sal

Para el chichilo negro:
- 10 piezas de chilhuacles negros, sin venas ni semillas
- 2 piezas de chile pasilla, sin venas ni semillas
- 2 dientes de ajo
- 1 pieza de cebolla blanca, en rebanadas
- 200 g de tomates verdes (tomatillos)
- 300 g de jitomate (tomate) roma
- 2 piezas de tostadas de maíz (puedes comprarlas o tostar una tortilla 10 minutos a 100 °C en el horno o hasta que esté seca y crujiente. Deja que se enfríe unos minutos)
- 2 piezas de clavo de olor
- 4 piezas de pimienta negra
- 1 cucharada de tomillo seco
- ¼ de cucharadita de semillas de comino
- 1 cucharada de orégano seco
- ¼ de cucharadita de mejorana seca
- 50 g de manteca de cerdo
- 25 g de masa de tortilla de maíz (ver pág. 200)
- 1 pieza de hoja de aguacate
- ¼ de cucharadita de sal

Para servir:
- 4 piezas de tortilla de maíz (ver pág. 200)
- 4 cucharadas de puré de chirivía
- Tomillo seco tostado
- Mejorana seca tostada
- Brotes de cilantro
- 350 ml de chichilo negro

El chichilo negro es un plato tradicional de celebración, uno de los moles más emblemáticos de México, y llevarlo al mundo del taco no es frecuente. Hay que tener precaución y servirlo de inmediato para evitar que la tortilla se remoje y se rompa. La chirivía tiene un sabor dulce, con el mismo perfil que el chichilo, y combina bien en un taco.

PARA EL PURÉ DE CHIRIVÍA
Calienta en un coludo (cazo) la chirivía con la crema (nata) y sal. Cocina a fuego medio por 15 minutos o hasta que la chirivía esté suave. Tritura en la licuadora y pasa por un chino de malla fina. Reserva.

PARA LA PECHUGA DE GUAJOLOTE (PAVO)
Precalienta el horno a 65 °C. Sazona la pechuga de guajolote (pavo) con sal y coloca en una bolsa de vacío con la mantequilla. Cocina en el horno por 30 minutos. Deja reposar en la bolsa por 10 minutos y saca para cortar en 4 porciones. Una vez que se va a servir el guajolote (pavo), sella en una sartén con mantequilla clarificada a fuego medio alto de 3 a 5 minutos de cada lado.

PARA EL CHICHILO NEGRO
Tuesta los chiles en un comal a fuego medio hasta que adquieran un ligero color negro y posteriormente remójalos en agua caliente durante 15 minutos.

Mientras, asa los ajos, la cebolla, los tomates verdes (tomatillos) y los jitomates (tomates) en un comal. Las tostadas también se tuestan en el comal hasta que queden casi negras. Remoja en agua tibia por 5 minutos.

Tritura el ajo, las cebollas y las especias y hierbas con 250 ml de agua fría. Reserva en un *bowl*.

Tritura los chiles junto con las tostadas hasta que quede una pasta espesa.

Calienta una cacerola mediana a fuego alto, engrasa con la manteca y añade la mezcla de especias y después la pasta de tostadas. Cocina a fuego medio, moviendo constantemente, durante 8 minutos.

Disuelve la masa de tortilla en 250 ml de agua fría e incorpora a la preparación anterior; mezcla hasta que se integre. Incorpora los tomates verdes (tomatillos) y los jitomates (tomates) asados y cocina tapados 8 minutos o hasta que estén suaves.

Por último, quema la hoja de aguacate a fuego directo y agrega a la preparación anterior. Sazona con sal.

Tritura y pasa por un chino de malla fina.

PARA SERVIR
Coloca en un plato extendido una tortilla de maíz con una línea de puré de chirivía. Encima agrega la pechuga cortada y espolvorea cenizas de tomillo y mejorana y los brotes de cilantro. El chichilo negro se coloca en una jarrita y se vierte sobre el taco al momento de servir.

TACOS DE TATAKI DE ROBALO AL PASTOR

TACOS DE TATAKI DE ROBALO AL PASTOR

Tiempo de preparación: 15 minutos, más 1 hora para marinar
Tiempo de cocción: 20 minutos
Rendimiento: 4 piezas

Para el robalo marinado:
- 6 piezas de chile guajillo seco
- 4 dientes de ajo picados
- 375 g de jitomate (tomate) roma troceado
- ½ pieza de cebolla blanca
- 280 g de lomo de robalo
- Sal

Para el jardín:
- ¼ de pieza de cebolla blanca, cortada en cubos pequeños
- 1 pieza de chile serrano, cortada en cubos pequeños
- Jugo de limón
- ¼ de cucharadita de sal

Para servir:
- 4 piezas de tortilla de maíz (ver pág. 200)
- 4 cucharadas de puré de piña
- Jugo de limón
- Brotes de cilantro

Fue de nuestros primeros tacos; la idea es dejar que el pescado brille por sí mismo. Sugerimos usar un pescado un poco graso, para que destaque el sabor. *Kampachi*, *hamachi*, robalo... un pescado de agua fría, que soporte bien el adobo y la piña.

PARA EL ROBALO MARINADO
En una olla a fuego bajo, coloca 125 ml de agua, el chile guajillo, el ajo, el jitomate (tomate) y la cebolla y cocina por 15 minutos o hasta que los ingredientes estén suaves.

Sazona, enfría, tritura y pasa el lomo de robalito por esta mezcla. Reserva en refrigeración por 1 hora. Corta en 12 láminas muy delgadas al momento de servir.

PARA EL JARDÍN
Mezcla todos los ingredientes en un *bowl*, sazona con sal y jugo de limón y reserva.

PARA SERVIR
Calienta una sartén a fuego alto 5 minutos y añade las tortillas, dando vuelta tras vuelta hasta que se calienten, 2 o 3 minutos. Coloca la tortilla en un plato extendido. Sobre ésta, unta un poco de puré de piña y 3 láminas de robalo. Acompaña con el jardín sobre el pescado y termina con unas gotas de jugo de limón y brotes de cilantro.

TACOS DE ERIZO

TACOS DE ERIZO

Tiempo de preparación: 40 minutos
Tiempo de cocción: 20 minutos
Rendimiento: 4 piezas

Para la pasta de jitomate (tomate):

- 250 g de jitomate (tomate), cortado en cubos grandes
- 1 diente de ajo
- ¼ de pieza de cebolla blanca
- 15 g de hojas de cilantro
- ¼ de cucharadita de sal

Para la vinagreta de poblano:

- 200 ml de aceite vegetal
- 200 g de chile poblano
- 100 ml de aceite de oliva
- 50 g de cebolla blanca, cortada en cubos pequeños
- ¼ de cucharadita de sal
- 150 ml de jugo de limón, colado

Para servir:

- 2 lenguas de erizo, cortadas por mitad
- 4 piezas de tortilla de harina (ver pág. 201)
- 2½ cucharadas de pasta de jitomate (tomate)
- ½ pieza de aguacate sin piel ni hueso, cortada en láminas
- ½ pieza de cebolla de Cambray, en aros
- ½ pieza de chile serrano, en aros
- Brotes de cilantro

Forma parte también de las primeras propuestas de tacos que se hicieron en Pujol. El erizo posee un sabor intenso, distintivo. Empleamos tortilla de harina, evocando los tacos que se preparan en Baja California, y lo servimos con ingredientes que acompañan, pero que no opacan ni contrastan su sabor, como el aguacate, el jitomate (tomate) o la vinagreta de poblano.

PARA LA PASTA DE JITOMATE (TOMATE)
Asa en un comal a fuego medio el jitomate (tomate) con el ajo y la cebolla durante 15 minutos o hasta que queden asados por completo. Tritura junto con el cilantro, sazona y pasa por un chino de malla fina. Reserva la pasta y el líquido por separado.

PARA LA VINAGRETA DE POBLANO
Prepara un *bowl* hondo con hielo hasta la mitad para realizar un baño María inverso y detener la cocción. Calienta una budinera (recipiente de cobre o hierro) a fuego medio alto, añade el aceite para escalfar allí el chile poblano hasta que se le levante la piel. Retira del aceite y refresca en agua helada. Limpia retirando semillas y venas, y corta en cubos pequeños. Reserva.

En la budinera (recipiente de cobre o hierro), calienta el aceite de oliva y cocina a fuego bajo la cebolla 2 o 3 minutos hasta que quede caramelizada. Agrega el poblano y sazona. Cocina por 3 minutos y agrega el líquido restante de la pasta de jitomate (tomate). Enfría, incorpora jugo de limón y reserva.

PARA SERVIR
Coloca el erizo en una charola (bandeja) para horno y calienta con un soplete por un solo lado.

Calienta una sartén a fuego alto 5 minutos y añade las tortillas, dando vuelta tras vuelta hasta que se calienten, 2 o 3 minutos. Coloca la tortilla en un plato extendido y sobre ésta, la pasta de jitomate (tomate), la vinagreta de poblano y una rebanada de aguacate. Decora con el erizo, la cebolla, el chile y los brotes de cilantro.

TACOS DE CUARESMEÑOS CON QUESILLO

TACOS DE CUARESMEÑOS RELLENOS DE QUESILLO

-5

Tiempo de preparación: 35 minutos
Tiempo de cocción: 25 minutos
Rendimiento: 8 piezas

- 4 piezas de chile cuaresmeño
- 300 g de quesillo (queso Oaxaca)
- Salsa martajada (ver pág. 172), opcional
- 8 piezas de tortilla de maíz (ver pág. 200)

El cuaresmeño es un chile dócil en términos de picor —hay algunos bravos, pero en general se trata de chiles suaves—. Es una variante de jalapeño, sólo que el fruto se corta una vez que madura en la mata. Este taco es casi una botana, y la combinación de chile con queso es bien conocida, pero el quesillo le otorga un toque especial.

Precalienta el *grill* a fuego alto.

Tatema (asa) los chiles sobre una llama a fuego alto por 5 minutos y gíralos con unas pinzas para que queden uniformemente tatemados (asados). Introdúcelos en una bolsa de plástico y envuélvelos con un trapo. Deja reposar de 5 a 10 minutos. El vapor en la bolsa terminará de aflojar la piel y de cocer los chiles. Retira de la bolsa y quita la piel carbonizada. (No lo hagas con agua corriente o perderán todo su sabor.) Realiza un corte a lo largo desde la parte superior del chile y retira las semillas y las venas. No retires el tallo: mantiene el chile unido.

Rellena los chiles con el queso. Colócalos en una bandeja para horno en una sola capa. Hornéalos solos o cúbrelos con un poco de salsa.

Cocínalos 10 minutos hasta que la salsa hierva y el relleno esté muy caliente.

Calienta el resto de la salsa en un coludo (cazo) a fuego medio, si utilizas. Calienta una sartén a fuego alto 5 minutos y añade las tortillas, dando vuelta tras vuelta hasta que se calienten, 2 o 3 minutos. Coloca los chiles en un plato extendido, baña con la salsa y acompaña con las tortillas.

TACOS DE PANZA DE CERDO, ALUBIAS, VERDOLAGAS

TACOS DE PANZA DE CERDO, ALUBIAS AHUMADAS, VERDOLAGAS

Tiempo de preparación: 35 minutos, más 12 horas para remojar
Tiempo de cocción: 1 hora, más 13 horas para cocer al vapor
Rendimiento: 8 piezas

Para la panza de cerdo:
- 240 g de sal
- 500 g de panza de cerdo sin piel
- 4 dientes de ajo grandes
- 250 ml de aceite de oliva

Para el puré de alubias:
- 120 g de alubia blanca chica seca
- 1 cucharadita de sal
- 1 cucharadita de jugo de limón
- 1 cucharadita de aceite de oliva

Para las alubias ahumadas:
- 120 g de alubia blanca cocida
- 1 cucharadita de sal
- 20 g de viruta de mezquite
- 5 piezas de hojas de aguacate
- 5 piezas de hojas de guayaba

Para la salsa de aguacate:
- 1 pieza de aguacate sin piel ni hueso
- 4 ramas de cilantro
- ½ pieza de chile serrano, picada finamente
- Jugo de 1 pieza de limón vede (lima)
- Sal

Para el pepino asado:
- 4 rodajas de pepino

Para la ensalada de verdolagas:
- 120 g de alubia ahumada
- 100 g de verdolaga limpia
- 2 piezas de rábano rojo, cortadas en rodajas finas
- ¼ de pieza de cebolla morada, cortada en cubos pequeños
- 4 cucharadas de salsa de aguacate
- 1 pizca de sal

Para servir:
- 1 cucharada de aceite vegetal
- 8 piezas de tortilla de maíz (ver pág. 200)

Este taco es una variación del castacán yucateco (trozos de la panza con algo de la piel adherida). Se sirve con una ensalada fresca, que es realmente una parte importante de los tacos. El jardín, finalmente, es un elemento que aporta frescura.

PARA LA PANZA DE CERDO
Disuelve la sal en 2 litros de agua y sumerge la panza de cerdo 1 hora.

Escúrrela y colócala en una bolsa para envasado al vacío de 25 x 35 cm, junto con el ajo y el aceite. Séllala al 100 %. Cocínala en un horno precalentado con vapor durante 13 horas a 65 °C. Prepara un *bowl* con hielo hasta la mitad para realizar un baño María inverso y detener la cocción. Divide la panza en piezas de 90 g.

PARA EL PURÉ DE ALUBIAS
Remoja las alubias en 500 ml de agua durante 12 horas. Escúrrelas y ponlas a cocer a fuego medio en una olla con agua y sal 30 minutos o hasta que estén suaves. Deja que se enfríen y tritúralas con el jugo de limón, aceite de oliva y suficiente líquido de cocción hasta obtener un puré homogéneo. Pásalo por un colador fino y ponlo en una manga o botella dispensadora para después reposar en refrigeración.

PARA LAS ALUBIAS AHUMADAS
Pon en remojo las alubias en 500 ml de agua durante 12 horas. Escúrrelas y ponlas a cocer a fuego medio en una olla con 1 litro de agua y la sal por 30 minutos o hasta que estén suaves. Escúrrelas y échalas en una charola (bandeja) perforada.

En una sartén, pon la viruta y las hojas de aguacate y guayaba al fuego y, cuando comiencen a incendiarse, apaga con una tapa. Introduce la charola (bandeja) con las alubias en el horno a una altura media y, en la parte baja, la sartén con la viruta y las hojas, destapada. Ahúma a 30 °C 15 minutos. Retira del horno y reserva.

PARA LA SALSA DE AGUACATE
Retira la pulpa del aguacate y muele con el resto de los ingredientes en un molcajete (mortero). Rectifica la sazón.

PARA EL PEPINO ASADO
Asa en plancha las 4 rodajas de pepino a fuego alto.

PARA LA ENSALADA DE VERDOLAGAS
En un *bowl*, mezcla todos los ingredientes.

PARA SERVIR
En una sartén a fuego medio alto, carameliza 4 piezas de panza de cerdo por el lado con grasa 7 minutos, hasta que se doren. Disponlas en 4 platos. Con ayuda de la manga, forma 1 bombón de alubias y colócalo al costado del cerdo. Forma una cavidad en el centro del puré y rellénalo con el aceite de oliva. Sirve con las rodajas de pepino asado, la ensalada de verdolagas y tortillas.

FLAUTAS DE PAPA Y QUESO

FLAUTAS DE PAPA Y QUESO

Tiempo de preparación: 35 minutos
Tiempo de cocción: 45 minutos
Rendimiento: 12 piezas

Para las flautas:

- 500 g de papas amarillas limpias
- 500 g de quesillo (queso Oaxaca) deshebrado
- 115 g de crema (nata) fresca
- 1 l de aceite vegetal
- 12 piezas de tortilla de maíz (ver pág. 200)
- Sal

Para servir:

- 115 g de crema (nata) fresca
- 125 g de queso fresco desmenuzado
- ½ pieza de lechuga iceberg, picada en tiras
- Nuestras salsas (ver págs. 184-197)

Las flautas son un platillo muy común en México. Son un abrazo cotidiano. El queso le brinda elasticidad al taco —una sensación muy agradable a la hora de comerlo—. La idea de esta receta es mantener esa sensación casera que aporta el plato.

Precalienta el horno a 190 °C.

PARA LAS FLAUTAS
Coloca las papas en una bandeja para horno y hornéalas 30 minutos, o hasta que estén tiernas al pincharlas con un cuchillo.

Aplasta las papas con la piel y mézclalas con el quesillo, la crema (nata) y la sal.

Calienta el aceite en una sartén grande a fuego alto hasta que esté muy caliente, pero sin que llegue a humear (180 °C). Coloca 2 cucharadas de la mezcla de papas en el centro de una tortilla y enróllala muy firme. Usa palillos para evitar que se deshagan. Haz 12 flautas. Fríe las flautas durante 3 minutos, dándoles la vuelta de ser necesario, hasta que se doren y estén crujientes. Retira del aceite con ayuda de un colador y elimina el exceso de grasa con papel absorbente.

PARA SERVIR
Retira los palillos de las flautas. Sírvelas en un plato extendido y acompaña con crema (nata), queso fresco, lechuga y alguna de nuestras salsas.

TACOS DE SUADERO Y NABO

TACOS DE SUADERO
Y NABO

Tiempo de preparación: 1 hora, más 1 hora para la salmuera
Tiempo de cocción: 2 horas 15 minutos
Rendimiento: 4 piezas

Para el suadero de *short rib*:
- 50 g de sal de Colima
- 600 g de *short rib* con hueso
- 200 g manteca de cerdo
- 1 pieza de zanahoria, cortada en rodajas
- 1 pieza de cebolla blanca, cortada en cubos grandes
- 3 dientes de ajo, picados finamente
- 4 piezas de hoja de aguacate

Para el puré de nabo:
- 90 g de nabo, pelado y cortado en cubos grandes
- 2 piezas de rabo de cebolla de Cambray, picadas finamente
- Jugo de limón verde (lima)
- Sal

Para servir:
- 4 piezas de tortilla de maíz (ver pág. 200)
- 4 cucharaditas de puré de nabo
- ¼ de pieza de cebolla blanca, cortada en cubos pequeños
- Hojas de cilantro, para decorar
- 4 piezas de cachete de limón verde (lima)

Normalmente el *shabu-shabu* —un plato japones de carne y verduras— se sirve con abundante nabo rallado en Japón. Nos sirvió como referencia e inspiración para hacer esta combinación y ofrecer este taco.

PARA EL SUADERO DE *SHORT RIB*
Disuelve la sal en 3 litros de agua. Introduce la carne y reposa en refrigeración por 1 hora.

Coloca una cacerola grande a fuego alto por 5 minutos. Añade la primera parte de la manteca, deja fundir y sella la carne procurando que todos los lados tengan un tono dorado. Añade las verduras y cocina por 10 minutos más o hasta que se sientan tiernas. Retira del fuego y reserva.

Precalienta el horno a 100 °C.

Coloca en un inserto grande la carne con las verduras, cubre con agua, añade las hojas de aguacate, tapa todo muy bien y lleva a cocción por 1 hora y 30 minutos al horno.

Una vez pasado el tiempo, drena la carne, retira los huesos y corta en cubos grandes.

Calienta un coludo (cazo) mediano a fuego medio, engrasa con la segunda parte de la manteca, añade la misma proporción de caldo de cocción del suadero y lleva a hervor. Añade el suadero a la mezcla y cocina por 20 minutos más, moviendo de vez en cuando. Drena la carne y reserva.

PARA EL PURÉ DE NABO
Tritura el nabo en la licuadora hasta obtener un puré terso y pasa por un colador de malla fina para retirar el exceso de agua. Coloca en un *bowl*, mezcla con el rabo de cebolla y sazona con limón verde (lima) y sal. Reserva.

PARA SERVIR
Calienta una sartén mediana a fuego alto 5 minutos y añade las tortillas, dando vuelta tras vuelta hasta que se calienten, 2 o 3 minutos. Coloca la tortilla en un plato extendido, añade 2 o 3 cucharadas de carne y acompaña de un poco de puré de nabo, cebolla y cilantro al gusto, así como un cachete de limón verde (lima).

TACOS DE HUEVO CON EJOTES

TACOS DE HUEVO CON EJOTES

Tiempo de preparación: 1 hora
Tiempo de cocción: 45 minutos
Rendimiento: 8 piezas

Para los ejotes (judías verdes):
- 160 g de ejotes (judías verdes)
- 2 cucharadas de aceite de oliva

Para la cebolla caramelizada:
- 2 cucharadas de aceite vegetal
- 12 piezas de cebolla perla
- ½ cucharadita de azúcar
- 1 cucharada de vino blanco

Para el polvo de tortilla:
- 3 piezas de tortilla de maíz (ver pág. 200)

Para la yema de huevo perfecta:
- 4 piezas de huevo fresco
- ¼ de cucharadita de sal

Para servir:
- 8 piezas de tortilla de maíz (ver pág. 200)
- Brotes de cilantro
- Sal de Colima
- Aceite de oliva

El huevo con ejote (judías verdes) es un desayuno casero frecuente en las casas mexicanas. Me recuerda también a un taco que vendían en mi primaria, con una salsa de chile cascabel: es una memoria infantil que atesoro con cariño —y antojo—. De ahí surge la inspiración para este taco.

PARA LOS EJOTES (JUDÍAS VERDES)
Coloca una cacerola caliente, rellena ¾ partes de agua y lleva a hervir con sal. Agrega los ejotes (judías verdes) y blanquea por 6 minutos. Mientras, prepara un *bowl* hondo con hielo hasta la mitad para realizar un baño María inverso y detener la cocción. Drena.

Una vez fríos, drena de nuevo, coloca en un *bowl* y mezcla con el aceite de oliva.

PARA LA CEBOLLA CARAMELIZADA
Calienta una cacerola mediana a fuego medio, engrasa con el aceite, agrega las cebollas y cocina con azúcar y vino blanco. Cocina por 10 minutos, moviendo constantemente, o hasta que las cebollas se suavicen y caramelicen.

PARA EL POLVO DE TORTILLA
Precalienta el horno a 140 °C. Introduce las tortillas en una charola (bandeja) con papel encerado y hornea durante 25 minutos. Deja enfriar y tritura hasta obtener un polvo fino. Sazona y reserva.

PARA LA YEMA DE HUEVO PERFECTA
Calienta una cacerola con ¾ partes de agua salada. Una vez que rompa el hervor, agrega los huevos y cocina, destapados, por 16 minutos a una temperatura constante de 65 °C. Retira los huevos del agua con mucho cuidado y deja reposar por 5 minutos.

Retira el cascarón rompiéndolo por arriba. Aparta la clara, de manera que únicamente se utilice la yema (la clara se puede usar en otras recetas).

PARA SERVIR
Calienta una sartén a fuego alto 5 minutos y añade las tortillas, dando vuelta tras vuelta hasta que se calienten, 2 o 3 minutos. Coloca las tortillas en un plato extendido y añade la yema de huevo perfecto y un puñado de ejotes (judías verdes) encima. En un costado, coloca las cebollas caramelizadas, espolvorea polvo de tortilla y decora con brotes de cilantro. Termina con una pizca de sal y un poco de aceite de oliva.

TACOS DE PESCADO EN TEMPURA

TACOS DE PESCADO EN TEMPURA

Tiempo de preparación: 3 horas, más 12 horas para marinar
Tiempo de cocción: 1 hora 20 minutos
Rendimiento: 4 piezas

Para la tempura:
- 160 g de fécula de papa
- 500 g de harina para tempura
- 3 cucharadas de sal
- 1 l de agua con gas

Para la mayonesa con *miso*:
- 1 pieza de yema de huevo
- 500 ml de aceite de canola (colza)
- 4 cucharadas de *miso* blanco
- Jugo y ralladura de limón
- 1 cucharada de *tamari*
- Sal

Para el *miso* de tamarindo:
- 150 g de pulpa de tamarindo
- 4 cucharadas de *miso* blanco
- ½ cucharada de piloncillo (panela)
- 2 cucharadas de polvo de chile guajillo

Para la ensalada de col con *miso*:
- 200 ml de vinagre de arroz
- 2 cucharadas de *mirin*
- 1 cucharadita de azúcar
- ¼ de cucharadita de sal
- 100 g de col blanca, cortada en tiras
- 100 g de col morada, cortada en tiras
- 200 g de mayonesa con *miso*
- 2 cucharadas de *miso* de tamarindo

Para servir:
- 1 l de aceite vegetal
- 4 piezas (320 g) de cazón
- 1 pieza de zanahoria, cortada en bastones delgados
- ½ pieza de cebolla morada, cortada en pluma
- Jugo de limón
- 4 piezas de tortilla de harina (ver pág. 201)
- 4 cucharadas de *miso* de tamarindo
- 8 cucharadas de ensalada de col con *miso*
- Hojas de cilantro
- 2 piezas de chiles serranos, cortadas en bastones delgados, sin semillas ni venas
- Sal

Una versión propia de los tacos de pescado típicos del norte del país, gracias al sabor especial que le añade la pasta *miso* de tamarindo, un toque de acidez muy distintivo.

PARA LA TEMPURA
En un *bowl*, mezcla con un batidor de globo la fécula de papa, la harina para tempura y la sal, e incorpora el agua con gas en 2 partes, mezclando todo constantemente hasta obtener una mezcla homogénea. Conserva en refrigeración.

PARA LA MAYONESA CON *MISO*
En un *bowl* hondo, coloca la yema de huevo para, después, con un batidor de globo, ir incorporando el aceite en forma de hilo sin dejar de batir. Agrega el *miso* blanco, el jugo con ralladura de limón, el *tamari* y la sal hasta integrar bien para conseguir una mezcla homogénea y estable. Reserva en refrigeración.

PARA EL *MISO* DE TAMARINDO
Coloca la pulpa de tamarindo con el *miso* y piloncillo (panela) en una cacerola con 300 ml de agua a fuego medio. Con ayuda de una espátula, raspa el fondo de la budinera (recipiente de cobre o hierro) para evitar que se pegue. Una vez que comience a hervir, baja la temperatura a fuego bajo, agrega el polvo de chiles y cocina por 1 hora o hasta que hayan desaparecido ¾ partes del agua. Retira la mezcla del fuego, enfría y conserva en refrigeración.

PARA LA ENSALADA DE COL CON *MISO*
En un *bowl* grande, mezcla el vinagre de arroz, el *mirin*, el azúcar y la sal. Agrega la col morada y blanca y reposa en refrigeración por 12 horas. Pasado el tiempo, escurre todo muy bien, agrega la mayonesa con *miso* y el *miso* de tamarindo. Integra todo muy bien y reserva.

PARA SERVIR
Calienta una cacerola con el aceite vegetal a fuego medio. Con ayuda de unas pinzas, pasa el pescado (frío, del refrigerador) por la mezcla de tempura y lleva a fritura en el aceite caliente. Cocina por 5 minutos o hasta que la mezcla esté dorada. Retira y quita el exceso de grasa con papel absorbente.

Adereza la zanahoria y la cebolla con limón y sal.

Calienta una sartén a fuego alto 5 minutos y añade las tortillas, dando vuelta tras vuelta hasta que se calienten, 2 o 3 minutos. Coloca las tortillas en un plato y acompaña con el pescado frito y 2 cucharadas de la ensalada de col. Decora con la zanahoria, la cebolla y las hojas de cilantro.

GRINGAS DE LANGOSTA

GRINGAS DE LANGOSTA

Tiempo de preparación: 30 minutos
Tiempo de cocción: 40 minutos
Rendimiento: 8 piezas

Para la langosta:
- 700 g de cola de langosta
- 3 cucharadas de mantequilla
- Sal

Para el adobo de guajillo:
- 15 piezas de chile guajillo
- 4 cucharadas de aceite de pepita (pipas) de calabaza
- ¼ de pieza de cebolla blanca, cortada en cubos grandes
- 3 dientes de ajo
- Sal

Para servir:
- 8 piezas de tortilla de harina (ver pág. 201)
- 25 g de queso Edam rallado
- Bastones delgados de piña
- ½ pieza de cebolla blanca, cortada en cubos pequeños
- Jugo de limón
- Aceite de oliva
- 12 piezas de hojas de cilantro
- Cachetes de limón verde (lima)
- Sal

La langosta es deliciosa por sí sola, y la combinación con adobo, queso y tortillas de harina realza aún más su sabor. Es una reinvención de las clásicas gringas de las taquerías: carne al pastor y queso en tortillas de harina.

PARA LA LANGOSTA
Limpia la cola de langosta retirando el caparazón de la carne. Corta por la mitad a lo largo, retira el intestino y enjuaga la carne a chorro de agua. Escurre y seca muy bien con ayuda de papel absorbente.

Coloca cada mitad de la carne de la cola de langosta en una bolsa de vacío chica (12,5 cm x 17,5 cm) con 1½ cucharadas de mantequilla y sal, y sella al vacío.

Precalienta el horno a 120 °C con vapor (en casa podemos colocar las bolsas en un recipiente con agua hasta cubrir) y cocina por 20 minutos.

PARA EL ADOBO DE GUAJILLO
Coloca los chiles en una cacerola y agrega agua hasta cubrirlos. Cocina a fuego medio por 2 minutos hasta que los chiles estén suaves y cuela.

Calienta una cacerola mediana, sofríe la cebolla con el ajo y los chiles por 5 minutos o hasta que estén suaves. Agrega sal y retira del fuego. Con ayuda de la licuadora, tritura todo hasta tener una pasta tersa sin grumos.

Saca la carne de langosta de la bolsa, corta en 2 partes a lo largo y después, con el cuchillo, haz 5 cortes horizontales sin llegar a cortar por completo. Unta muy bien el adobo sobre la langosta con una brocha. Reserva.

PARA SERVIR
Precalienta el horno a 160 °C.

Calienta una sartén a fuego alto 5 minutos y añade las tortillas, dando vuelta tras vuelta hasta que se calienten, 2 o 3 minutos. Coloca las tortillas en una charola (bandeja) para el horno con un trozo de langosta adobada, cubre con queso y lleva a gratinar por 2 o 3 minutos.

Adereza la piña y la cebolla con jugo de limón, aceite de oliva y sal.

Coloca la tortilla con langosta gratinada en un plato y acompaña con la mezcla de piña y cebolla. Termina con las hojas de cilantro y otra tortilla caliente cubriendo todo. Acompaña con un cachete de limón verde (lima).

TACOS DE JAIBA DE CONCHA SUAVE

TACOS DE JAIBA DE CONCHA SUAVE

Tiempo de preparación: 20 minutos
Tiempo de cocción: 45 minutos
Rendimiento: 4 piezas

Para el *sikil pak*:

- 5 piezas de jitomate (tomate) rojo mediano, cortadas a la mitad
- ¼ de pieza de cebolla blanca
- 2 dientes de ajo
- 1 pieza de chile habanero
- 35 g de almendra
- 3 cucharadas de pepita (pipas) de calabaza verde
- 3 cucharadas de aceite de oliva
- 1 pizca de sal

Para la salsa XO:

- 3½ cucharadas de aceite vegetal
- 6 piezas de chile mulato, cortadas en guindillas
- 20 dientes de ajo, cortados en chips delgadas
- 1 pieza de jengibre de 5 cm, cortada en chips delgadas
- 3 cucharadas de semillas de cilantro tostadas
- 100 g de cacahuate (cacahuete) tostado

Para el puré de macadamia:

- 100 g de nuez de macadamia
- 2 dientes de ajo
- Jugo de 1 pieza de limón verde (lima)
- 2 cucharadas de aceite vegetal
- Sal

Para la jaiba (cangrejo) crujiente:

- 500 ml de aceite vegetal
- 2 piezas de jaiba (cangrejo) de concha suave
- 175 g de *katakuriko*

Para servir:

- 4 piezas de tortilla de maíz (ver pág. 200, recomendamos que sean de maíz rosa)
- 4 cucharadas de puré de macadamia
- 4 cucharadas de *sikil pak*
- ¼ de pieza de cebolla blanca, en pluma
- 4 círculos medianos de col rizada (como recomendación, pasa la col por agua caliente con sal por 2 minutos para que sea más fácil cortar de forma perfecta)

Es típico de Baja California (un capeado [rebozado] con una ensalada de col acidulada con limón verde [lima]) y tiene el perfil de un chilpachole. La jaiba (cangrejo) suave se prepara en un capeado muy sutil, y la col cruda, sin mayor tratamiento, aporta textura y acidez. También nos gusta con *shiso*.

Precalienta el horno a 180 °C.

PARA EL *SIKIL PAK*
En un *bowl* hondo, coloca los ingredientes del *sikil pak* junto con el aceite y una pizca de sal. Mezcla todo y vierte el contenido en una charola (bandeja). Hornea por 20 minutos o hasta que el jitomate (tomate) esté bien dorado. Tritura en la licuadora comenzando con los jitomates (tomates), la cebolla, el ajo y el habanero, y finaliza con las semillas para obtener un puré terso.

PARA LA SALSA XO
Calienta una sartén pequeña a fuego medio con el aceite. Agrega los chiles mulatos, apaga el fuego y mueve los chiles constantemente para que se doren, pero evitando que se quemen, unos 5 minutos. Agrega las chips de ajo y jengibre dejando que se frían por 3 o 4 minutos o hasta que tomen un color café.

Retira las chips del aceite y elimina el exceso de grasa con papel absorbente. Tritura las chips y los chiles con el aceite restante, las semillas de cilantro y el cacahuate (cacahuete) hasta obtener una salsa aceitosa con sedimento.

PARA EL PURÉ DE MACADAMIA
Tritura todos los ingredientes por unos 10 minutos o hasta obtener una pasta tersa (de ser necesario, utiliza un poco de agua para facilitar el proceso).

PARA LA JAIBA (CANGREJO) CRUJIENTE
Calienta una sartén a fuego medio con el aceite. Corta las jaibas (cangrejos) por la mitad y empaniza con *katakuriko* tratando de cubrir todos los espacios, para después llevarlas a fritura profunda por 5 minutos o hasta que comiencen a tomar un color dorado. Retira y elimina el exceso de aceite con ayuda de papel absorbente. Reserva.

PARA SERVIR
Calienta una sartén a fuego alto 5 minutos y añade las tortillas, dando vuelta tras vuelta hasta que se calienten, 2 o 3 minutos. Coloca la tortilla en un plato con 1 cucharada de puré de macadamia en el centro y justo al lado 1 cucharada de *sikil pak*. Añade la mitad de la jaiba (cangrejo) crujiente, decora con julianas de cebolla, un círculo de col y la salsa XO.

TACOS DE CHORIZO DE PESCADO

TACOS DE CHORIZO DE PESCADO

Tiempo de preparación: 30 minutos
Tiempo de cocción: 1 hora
Rendimiento: 4 piezas

Para los aceites de limón, habanero y ajo:
- 8 cucharadas de aceite vegetal
- Ralladura de 1 pieza de limón (sin la parte blanca)
- 1 cucharada de chiles habaneros secos
- 2 dientes de ajo

Para el adobo de chorizo:
- 2 cucharadas de aceite de oliva
- ½ pieza de cebolla blanca, cortada en cubos
- 2 dientes de ajo, cortados en cubos gruesos
- 3 piezas de jitomate (tomate) rojo, cortadas en cubos
- 100 g de nuez de macadamia
- 6 piezas de chile mulato, cortadas en guindillas
- 6 piezas de chile ancho, cortadas en guindillas
- 10 ramitas de tomillo seco tostado
- 4 piezas de clavo de olor tostado
- ½ cucharadita de semillas de comino tostadas
- ½ cucharadita de pimienta negra tostada
- ½ cucharadita de orégano molido tostado

Para el chorizo de pescado:
- 2 cucharadas de aceite de oliva
- 200 g de atún, picado en trozos pequeños
- ½ pieza de cebolla blanca, picada finamente
- 10 hojas de cilantro, picadas finamente
- 2 cucharadas de aceite de limón
- 2 cucharadas de aceite de habanero
- 1 pizca de sal

Para servir:
- 1 pieza de cebolla blanca pelada
- 4 piezas de tortilla de maíz (ver pág. 201, recomendamos que sean de maíz rosa)
- 4 cucharadas de aceite de ajo
- 4 hojas de cilantro
- Salsa verde, para acompañar (ver págs. 191, 193, 194 y 195)

Fue de los primeros tacos que se hicieron en el Pujol de Tennyson con la idea de utilizar todo el producto y de invertir un poquito la proteína animal con el jardín. Se hace una receta de chorizo con todo el pescado y la cebolla se rostiza y se prepara una especie de envuelto con el chorizo adentro. Finalmente, la tortilla abraza la cebolla, que ya viene como una forma de *nigiri*. Es un taco que visualmente es muy limpio, porque todo el contenido está adentro de la cebolla. Éste es un buen ejemplo de que siempre hay que recordar cómo se comen los tacos —y aplicarlo en los restaurantes—: si se sirven demasiado llenos, no se pueden cerrar; si la salsa se sirve primero, se rompe la tortilla. En este caso, el taco es fácil de manejar, todos los ingredientes están contenidos y se puede tomar en un par de bocados.

PARA LOS ACEITES DE LIMÓN, HABANERO Y AJO
Calienta una cacerola con 2 cucharadas del aceite por 8 minutos a fuego medio; cuando alcance 100 °C, retira del fuego. Agrega la ralladura de limón y deja reposar hasta que esté frío. Repite el proceso con el habanero y después el ajo con el resto del aceite.

PARA EL ADOBO DE CHORIZO
Calienta una cacerola mediana a fuego medio por 5 minutos. Engrasa con el aceite y añade la cebolla, el ajo y el jitomate (tomate). Cocina por 10 minutos o hasta que el jitomate (tomate) suelte todo su jugo. Añade los chiles, la macadamia y las especias. Cocina por 10 minutos o hasta que los chiles estén suaves (de ser necesario, agrega un poco de agua para ayudar a la cocción).

Lleva la mezcla a la licuadora y tritura hasta obtener un adobo terso. Reserva.

PARA EL CHORIZO DE PESCADO
Coloca una sartén a fuego medio por 5 minutos. Engrasa con el aceite de oliva, añade el pescado y el adobo de chorizo que hicimos antes. Cocina por 15 minutos, procurando mover todo para evitar que se pegue. Una vez pasado el tiempo, retira el chorizo del fuego, para posteriormente mezclarlo con la cebolla, el cilantro, el aceite de limón, el aceite de habanero y la sal. Enfría y reserva.

PARA SERVIR
Precalienta el horno a 180 °C.

Con ayuda de un *grill* o de la estufa a fuego directo, quema la cebolla hasta que la primera capa esté totalmente negra. Reposa 10 minutos e introduce en el horno por 5 minutos. Pasado el tiempo, corta las puntas ligeramente y corta de forma vertical por la mitad, para después retirar el centro de la cebolla y separar las capas grandes.

Calienta una sartén a fuego alto 5 minutos y añade las tortillas, dando vuelta tras vuelta hasta que se calienten, 2 o 3 minutos. Colócalas en un plato.

Rellena 4 hojas de cebolla con 2 cucharadas de chorizo, 1 cucharada de aceite de ajo y la hoja de cilantro, para terminar envolviéndolas a modo de óvalo. Coloca un óvalo de cebolla relleno sobre cada tortilla y acompaña con salsa verde.

TACOS DE ATÚN SELLADO, SHISO, SALSA MARTAJADA

TACOS DE ATÚN SELLADO, SHISO, SALSA MARTAJADA

Tiempo de preparación: 15 minutos, más 3 horas para marinar
Tiempo de cocción: 30 minutos
Rendimiento: 4 piezas

Para el atún sellado:
- 300 g de atún
- 200 ml de salsa de soya (soja)
- 3 piezas de chiles serranos, picadas finamente
- 4 cucharadas de polvo de chiles
- 2 cucharadas de aceite de oliva

Para la salsa de venas con *chintextle*:
- 2 cucharadas de aceite de oliva
- ½ pieza de cebolla blanca, cortada en cubos grandes
- 2 dientes de ajo
- 4 piezas de jitomate (tomate), cortadas en cubos grandes
- Las venas y semillas de 7 chiles frescos (serrano, jalapeño, habanero, etc.)
- 1 cucharada de *chintextle*
- 2 cucharadas de vinagre de arroz
- 1 cucharada de salsa de soya (soja) blanca

Para servir:
- 4 piezas de tortilla de maíz (ver pág. 200, recomendamos que sean de maíz blanco)
- 4 cucharadas de salsa de venas con *chintextle*
- 4 piezas de hojas de *shiso*

Si quieres preparar tacos donde destaque el atún, ésta es la receta. Es tan deliciosa como sencilla de hacer.

PARA EL ATÚN SELLADO
En un recipiente hondo coloca el atún, la salsa de soya (soja) y los chiles picados. Deja reposar en el refrigerador por 3 horas.

PARA LA SALSA DE VENAS CON *CHINTEXTLE*
Calienta una cacerola a fuego medio por 5 minutos. Engrasa con 1 cucharada de aceite de oliva y agrega la cebolla, el ajo, el jitomate (tomate) y las venas y semillas de chiles. Cocina por 10 minutos o hasta que el jitomate (tomate) suelte toda el agua.

Una vez pasado el tiempo, lleva todo a la licuadora, agregando el *chintextle*, el vinagre de arroz, la cucharada de aceite restante y la soya (soja). A diferencia de otras salsas, ésta la triturarás en pequeños intervalos, procurando que tenga una consistencia martajada.

PARA SERVIR
Retira el atún del marinado y, con ayuda de papel absorbente, quita el exceso de soya (soja); cubre con el polvo de chiles por todos lados y reserva.

Engrasa la sartén con el aceite, sella el atún en intervalos de 1 minuto por todos lados, 2 o 3 minutos. Retira del fuego y reposa 2 minutos para después cortarlo en 4 medallones.

Calienta una sartén a fuego alto 5 minutos y añade las tortillas, dando vuelta tras vuelta hasta que se calienten, 2 o 3 minutos. Coloca la tortilla en un plato junto con el medallón de atún y 1 cucharada de salsa de venas, y cubre todo con la hoja de *shiso*.

TACOS DE CALLO

TACOS DE CALLO

Tiempo de preparación: 30 minutos, más 1 hora para marinar
Tiempo de cocción: 5 minutos
Rendimiento: 4 piezas

- 55 g de azúcar
- 55 g de sal de Colima
- 100 g cilantro, picado finamente
- 100 g de hierbabuena, picada finamente
- 4 piezas de callo de hacha grande
- 1 pieza de aguacate grande
- 4 piezas de tortilla de maíz (ver pág. 200, recomendamos que sean de maíz negro)
- 1 cucharada de *yuzu kosho* (ver pág. 130 [Tacos de *wagyu cross*, *yuzu kosho*, flor de hinojo])
- 12 láminas de jengibre encurtido
- 4 hojas de *shiso*
- 10 hojas de cilantro
- Nuestras salsas (ver págs. 184-197)

Fue un taco que elaboramos en la época en que tomamos a Japón como referencia culinaria. Aquí cabe una reflexión: es curioso cómo los japoneses casi no incluyen elementos externos en su cocina; no integran, ni fusionan como los mexicanos, que de por sí somos un cúmulo de influencias. Ambas posturas tienen su encanto, pero la posibilidad de integración de los mexicanos ha sido indudablemente enriquecedora.

Mezcla en un recipiente hondo el azúcar, la sal de Colima, el cilantro y la hierbabuena picados. Cubre los callos con esta mezcla y deja reposar todo por 1 hora en refrigeración.

Una vez pasado el tiempo, retira el callo de la mezcla, retira el exceso con un poco de agua y seca muy bien.

Corta el aguacate y el callo en 12 láminas lo más delgadas que sea posible.

Calienta una sartén mediana a fuego alto 5 minutos. Añade las tortillas, dando vuelta tras vuelta hasta que se calienten, 2 o 3 minutos. Coloca la tortilla en un plato y unta con un poco de *yuzu kosho* para después sobreponer 1 rebanada de aguacate, 1 de callo y 1 de jengibre, e ir intercalando hasta obtener 3 capas. Una vez terminado, cubre todo con una hoja de *shiso* y acompaña con alguna de nuestras salsas.

TACOS DE CHICHARRÓN DE POLLO

TACOS DE CHICHARRÓN DE POLLO

Tiempo de preparación: 20 minutos
Tiempo de cocción: 45 minutos
Rendimiento: 4 piezas

Para el puré de aguacate:
- ¼ de pieza de cebolla blanca, cortada en cubos grandes
- 1 diente de ajo
- 1 pieza de chile serrano
- 10 ramitas de cilantro
- 1 pieza de aguacate grande, sin piel ni hueso
- Jugo de 2 piezas de limón
- Sal

Para la salsa de venas:
- 2 cucharadas de aceite de oliva
- ½ pieza de cebolla blanca, cortada en cubos
- 2 dientes de ajo, cortados en cubos
- 4 piezas de jitomate (tomate), cortadas en cubos grandes
- Las venas y semillas de 7 chiles frescos (serrano, jalapeño, habanero, etc.)

Para el chicharrón de pollo:
- 8 piezas de piel de pollo (7,5 x 7,5 cm)
- 1 l de aceite vegetal

Para servir:
- 4 piezas de tortilla de maíz (ver pág. 200, recomendamos que sean de maíz amarillo)
- 4 cucharadas de puré de aguacate
- 4 cucharadas de pico de gallo (ver pág. 191)

Ésta es una versión de un taco placero —el taco de botana, el aperitivo por excelencia—, que utiliza la piel de pollo en vez de chicharrón de cerdo. La piel de pollo casi nunca se consume por sí misma. Empezamos a utilizarla con la idea de aprovechar todo el producto, aunque en realidad, para este taco, cualquier chicharrón funciona: cerdo, pescado, incluso res.

PARA EL PURÉ DE AGUACATE
Tritura la cebolla, el ajo, el chile serrano y el cilantro por 2 minutos para después agregar el aguacate e integrarlo todo. Sazona con el jugo de limón y sal. Reserva.

PARA LA SALSA DE VENAS
Calienta una cacerola a fuego medio por 5 minutos. Engrasa con el aceite de oliva y agrega la cebolla, el ajo, el jitomate (tomate) y las venas y semillas de los chiles. Cocina por 10 minutos o hasta que el jitomate (tomate) suelte toda el agua. Tritura todo en la licuadora con pequeños intervalos de tiempo, procurando que la salsa tenga una consistencia martajada.

PARA EL CHICHARRÓN DE POLLO
Precalienta el horno a 120 °C.

Con ayuda de una espátula, retira la mayor cantidad de grasa de la piel de pollo que sea posible. Coloca en una charola (bandeja) con papel encerado las pieles de pollo y deshidrata en el horno por 20 minutos.

Calienta el aceite vegetal en un coludo (cazo) a fuego medio, hasta que alcance los 140 °C.

Lleva a fritura profunda la piel de pollo por periodos muy cortos de tiempo.

PARA SERVIR
Calienta una sartén a fuego alto 5 minutos y añade las tortillas, dando vuelta tras vuelta hasta que se calienten, 2 o 3 minutos. Coloca la tortilla en un plato con 1 cucharada de puré de aguacate, 2 piezas de chicharrón de pollo y 1 cucharada de pico de gallo. Acompaña con salsa de venas.

TACOS DE CHILE RELLENO DE PULPO

TACOS DE CHILE RELLENO DE PULPO

Tiempo de preparación: 15 minutos
Tiempo de cocción: 45 minutos
Rendimiento: 4 piezas

Para el pulpo:
- 2 cucharadas de *chintextle*
- 2 cucharadas de *miso* rojo
- 300 ml de aceite de oliva
- 500 g de pulpo cocido completo

Para el garbanzo frito:
- 16 piezas de garbanzo cocido
- 200 ml de aceite vegetal

Para el puré de ayocote:
- 500 g de ayocote cocido
- 2 dientes de ajo frescos pelados
- Jugo de 2 piezas de limón
- 100 ml de aceite de oliva
- Sal

Para servir:
- 4 piezas de chile güero, asado y desvenado
- 4 piezas de tortilla de maíz (ver pág. 200, recomendamos que sean de maíz blanco)
- 4 cucharadas de puré de ayocote
- ¼ de pieza de cebolla, cortada en pluma
- Hojas de cilantro
- 4 piezas de cachete de limón verde (lima)

La idea de este taco es similar a la del taco de chorizo de pescado (ver pág. 170). Los chiles se pueden sustituir por cuaresmeños o chiles deshidratados, por ejemplo, cuidando sólo que no sean excesivamente picantes. Este taco es, también, un plato montado arriba de una tortilla. Traer los platillos al mundo de los tacos es una posibilidad muy bonita en términos creativos. La proteína —en este caso, como casi en todos— puede variar, y usarse la que se desee. Es una de las características inherentes a los tacos: su versatilidad.

PARA EL PULPO
Precalienta el *grill* 10 minutos antes de comenzar a cocinar.

En un *bowl*, coloca el *chintextle*, el *miso* y el aceite de oliva para después mezclarlo muy bien. Éste será el adobo para el pulpo. Una vez caliente el *grill*, unta el pulpo con el adobo, para después colocarlo sobre el *grill*. Cocina 2 o 3 minutos de cada lado. Corta en cubos pequeños y mezcla con el resto del adobo. Reserva.

PARA EL GARBANZO FRITO
Precalienta el horno a 120 °C.

Coloca los garbanzos cocidos en una charola (bandeja) con papel encerado para evitar que se quemen y deshidrata por 20 minutos o hasta que el garbanzo esté completamente seco.

Calienta en una cacerola honda el aceite vegetal hasta que alcance una temperatura de 140 °C. Lleva a fritura profunda los garbanzos, lo cual será en periodos cortos para evitar que se quemen.

PARA EL PURÉ DE AYOCOTE
Coloca todos los ingredientes del puré de ayocote en la licuadora y tritura por 10 minutos hasta obtener una pasta muy tersa.

PARA SERVIR
Rellena los chiles con el pulpo picado y reserva.

Calienta una sartén mediana a fuego alto 5 minutos. Añade las tortillas, dando vuelta tras vuelta hasta que se calienten, 2 o 3 minutos. Coloca las tortillas en un plato, cubre con 1 cucharada de puré de ayocote, el chile relleno y 4 piezas de garbanzos fritos, y decora con un poco de cebolla en pluma, hojas de cilantro y un cachete de limón verde (lima).

TACOS DE EJOTES CON ENCACAHUATADO

TACOS DE EJOTES CON ENCACAHUATADO

Tiempo de preparación: 15 minutos
Tiempo de cocción: 45 minutos
Rendimiento: 4 piezas

Para el manojo de ejotes (judías verdes):
- 2 cucharadas de sal
- 32 piezas de ejote (judías) amarillo
- 12 piezas de cebollín (cebollino)

Para el encacahuatado:
- 2 cucharadas de aceite vegetal
- 1 pieza de cebolla, cortada en cubos
- 3 dientes de ajo
- 6 piezas de jitomate (tomate), cortadas en cubos
- 1 plátano macho maduro, cortado en rodajas
- 150 g de cacahuate (cacahuete) frito
- 2 piezas de chile de árbol seco
- 6 piezas de chile guajillo
- 1 pieza pequeña de jengibre de 2,5 cm
- 3 piezas de clavo de olor
- ½ cucharadita de semillas de comino tostadas
- 4 piezas de pimienta gorda (de Jamaica)
- 1 pieza de chile habanero
- Sal

Para servir:
- 4 piezas de tortilla de maíz (ver pág. 200, recomendamos que sean de maíz amarillo)
- 4 cucharadas de encacahuatado
- Nuestras salsas (ver págs. 184-197)

Es un taco que es más bien una entrada. La parte vegetal de los tacos casi siempre van en guisados; los tacos de verduras no son muy comunes. Son una posibilidad para la comida cotidiana y le incluimos proteína a través del cacahuate (cacahuete). Los encacahuatados pueden ser muy variados en texturas, grado de picor, semillas empleadas...

PARA EL MANOJO DE EJOTES (JUDÍAS VERDES)
Coloca una cacerola mediana con agua hasta la mitad y la sal, y lleva a hervor a fuego alto. Al mismo tiempo, en un recipiente hondo coloca un poco de hielo y agua, lo que nos servirá para cortar la cocción de nuestros ejotes (judías verdes). Lleva los ejotes (judías verdes) a cocción por 2 minutos o hasta que cambien a un color verde intenso. Retíralos del agua caliente y viértelos en agua con hielos para cortar la cocción. Repite el mismo proceso con el cebollín (cebollino), aunque la cocción durará sólo unos segundos.

Coloca 3 piezas de cebollín (cebollino) blanqueado y justo encima 8 de ejote (judías verdes) ya cocido. Amarra con el cebollín (cebollino) procurando que todo quede muy bien sujeto. Repite el proceso para obtener 3 manojos más.

PARA EL ENCACAHUATADO
Coloca una cacerola a fuego medio. Engrasa con el aceite y agrega la cebolla, el ajo, el jitomate (tomate) y el plátano. Cocina por 10 minutos o hasta que el jitomate (tomate) expulse toda el agua de su interior. Termina por mezclar con el resto de los ingredientes y cocina por 10 minutos más.

Tritura todo hasta obtener una pasta espesa pero muy tersa y cocina por 10 minutos más, procurando ser muy cuidadoso para que no se queme.

PARA SERVIR
Calienta una sartén mediana a fuego alto 5 minutos. Añade las tortillas, dando vuelta tras vuelta hasta que se calienten, 2 o 3 minutos. Coloca la tortilla en un plato con 1 cucharada de encacahuatado y 1 manojo de ejotes (judías verdes), y acompaña con alguna de nuestras salsas.

SALSAS

SALSAS CREMOSAS

MAYONESA

-5 -30

Tiempo de preparación: 20 minutos
Rendimiento: 200 ml

- 1 yema de huevo
- 1 pizca de sal
- 200 ml de aceite vegetal
- Jugo de 2 piezas de limón

Rellena ¾ partes de un recipiente metálico con hielo, coloca un trapo encima, y posteriormente otro recipiente metálico.

Coloca la yema dentro de un *bowl* y, con ayuda de un batidor de globo, comienza a batir la yema con una pizca de sal. Una vez que tengas una pasta espesa, comienza a vaciar el aceite en forma de hilo (si no se cortará y quedará con grumos). Un pequeño truco que puedes utilizar para que la mayonesa quede estable, es que, a la mitad del proceso, puedes agregar 3 cucharadas de agua potable integrando una por una con el globo.

Añade el jugo de limón una vez integrado todo el aceite.

Esta salsa se conservará en un recipiente hermético en el refrigerador 1 semana.

ALIOLI

-5 -30

Tiempo de preparación: 10 minutos
Rendimiento: 200 ml

- 1 yema de huevo
- 2 dientes de ajo, picados finamente
- 1 pizca de sal, y un poco más para aderezar
- 200 ml de aceite
- Jugo de 3-4 piezas de limón

Existen dos formas de hacer el alioli. La más rápida consiste en agregar todos los ingredientes en un recipiente y, con ayuda de una batidora de inmersión, comenzar a triturar, sin mover en un inicio, hasta que emulsione, y después mover la batidora lentamente hasta que se termine de integrar el aceite. La segunda forma es muy parecida a la manera de preparar una mayonesa (ver arriba). Sólo se necesita elaborar una pasta con los ajos, ya sea con un mortero o un molcajete.

Utiliza un batidor de globo para batir la yema de huevo en un *bowl*. Incorpora el ajo y la sal, y bate hasta que se forme una pasta espesa de color amarillo claro. Agrega el aceite en forma de hilo, sin dejar de integrar todo con el globo, si no se cortará y quedará con grumos. Un pequeño truco que puedes utilizar para que la mayonesa quede estable, es que, a la mitad del proceso, puedes agregar 3 cucharadas de agua potable integrando una por una con el globo.

Una vez integrado todo el aceite, añade el jugo de limón y sazona al gusto.

Esta salsa se conservará en un recipiente hermético en el refrigerador 1 semana.

GUACACHILE

-30

Tiempo de preparación: 10 minutos
Tiempo de cocción: 20 minutos
Rendimiento: 200 ml

- 10 piezas de chiles serrano, sin rabo
- 4 dientes de ajo
- 2 piezas de cebolla blanca, cortadas en 4 y con las hojas separadas
- 200 ml de aceite vegetal
- Jugo de 1 pieza de limón verde (lima)
- 1 pizca de sal

Calienta una cacerola mediana a fuego bajo. Agrega los chiles, el ajo y la cebolla, añade el aceite y cocina por 20 minutos o hasta que la cebolla esté transparente. Cuela todo, guardando el aceite. Añade los ingredientes sólidos a la licuadora y tritura hasta tener una pasta uniforme. Incorpora el jugo de limón verde (lima) y sazona con sal. (El aceite de chile se puede guardar para otras recetas.)

Esta salsa se conservará en un recipiente hermético en el refrigerador 1 semana.

SALSAS DE ACEITE

SALSA MACHA

-30

Tiempo de preparación: 5 minutos
Tiempo de cocción: 7 minutos
Rendimiento: 200 ml

- 200 ml de aceite vegetal
- 10 piezas de chile ancho
- 10 piezas de chile guajillo
- 10 piezas de chile de árbol
- 10 dientes de ajo
- 100 g de cacahuate (cacahuete) tostado
- 100 g de ajonjolí (sésamo) tostado
- ½ cucharadita de sal

Calienta una cacerola a fuego medio, añade la mitad del aceite y calienta por 5 minutos. Agrega el resto de los ingredientes, mueve constantemente con una cuchara de madera y cocina por 2 o 3 minutos o hasta que los chiles cambien de color y estén suaves.

Retira de la cacerola con una cuchara con hoyos. Tritura en la licuadora con el resto del aceite hasta obtener una mezcla homogénea. Sazona con sal y mezcla muy bien.

Esta salsa se conservará en un recipiente hermético en el refrigerador 3 semanas.

CHIMICHURRI

Tiempo de preparación: 5 minutos, más 2 horas para marinar
Rendimiento: 200 ml

- 10 ramitas tiernas de orégano fresco, picadas finamente
- 4 dientes de ajo, picados finamente
- 1 pieza de chile verde, picada finamente
- 1 manojo de perejil limpio, sólo las hojas, picado finamente
- 100 ml de aceite de oliva
- 3 cucharadas de vinagre de uva o balsámico
- Jugo de 2 piezas de limón
- ¼ de cucharadita de sal
- ¼ de cucharadita de pimienta negra

Coloca todos los ingredientes en un *bowl* mediano. Mezcla con un batidor de globo hasta que todo esté integrado. Reserva por 2 horas.

Esta salsa se conservará en un recipiente hermético en el refrigerador 2 semanas.

HARISSA

Tiempo de preparación: 15 minutos, más 12 horas para marinar
Rendimiento: 200 ml

- 3 dientes de ajo
- 100 g de pimentón picante
- 50 g de pimentón dulce
- ½ cucharada de semillas de cilantro tostadas
- ½ cucharada de semillas de comino tostadas
- ¼ de cucharada de semillas de alcaravea tostadas
- ¼ de cucharadita de sal, y un poco más para aderezar
- 240 ml de aceite de oliva

Con ayuda de un procesador de alimentos, tritura todos los ingredientes hasta obtener una pasta espesa pero tersa. Sazona con sal y reposa 12 horas en refrigeración para que los sabores se intensifiquen.

Esta salsa se conservará en un recipiente hermético en el refrigerador 2 semanas.

SALSAS FERMENTADAS – VINAGRES

SALSA DE CHILTEPÍN

-30

Tiempo de preparación: 15 minutos
Tiempo de cocción: 10 minutos
Rendimiento: 300 ml

- 10 piezas de chile chiltepín seco, tostadas
- 2 piezas de jitomate (tomate) picadas
- 2 dientes de ajo picados
- ½ pieza de cebolla blanca, cortada a la mitad
- ½ cucharadita de orégano molido tostado
- ¼ de cucharadita de comino molido tostado
- ¼ de cucharadita de semillas de cilantro tostadas
- 120 ml de vinagre blanco
- 1 cucharada de aceite de oliva
- 1 pizca de sal

En una cacerola mediana a fuego alto, coloca el chile, el jitomate (tomate), el ajo y la cebolla. Cubre con agua y cocina 10 minutos o hasta que los jitomates (tomates) estén suaves. Cuela.

Tritura lo anterior añadiendo las especias y el chiltepín tostados, con la mitad del vinagre, hasta obtener una pasta homogénea.

Calienta una cacerola mediana a fuego bajo; engrasa con el aceite de oliva y agrega la mezcla. Cocina por 10 minutos. Retira del fuego y reserva en un *bowl*. Una vez fría la salsa, sazona con sal y añade el resto del vinagre. Revuelve muy bien y sirve.

Esta salsa se conservará en un recipiente hermético en el refrigerador 1 semana.

SALSA YUCATECA DE HABANERO

-30

Tiempo de preparación: 5 minutos
Rendimiento: 300 ml

- 10 piezas de habanero, sin rabo
- 4 dientes de ajo limpios
- 1 pieza de cebolla blanca, cortada en trozos
- ¼ de cucharadita de semillas de comino tostadas
- ¼ de cucharadita de orégano molido tostado
- 120 ml de jugo de naranja agria (podemos sustituir por naranja regular, pero agrega un poco de vinagre, es decir, 60 ml de jugo y 60 ml de vinagre)
- 1 pizca de sal

Tritura todos los ingredientes en la licuadora hasta que todo se encuentre bien integrado y tengas una salsa homogénea. Sazona con sal.

Esta salsa se conservará en un recipiente hermético en el refrigerador 1 semana.

SALSA TIPO BAJÍO

-30

Tiempo de preparación: 15 minutos
Tiempo de cocción: 5 minutos
Rendimiento: 300 ml

- 8 piezas de chile de árbol seco, sin rabo
- 15 piezas de chile piquín
- 4 dientes de ajo tostados
- 60 ml de vinagre blanco
- ¼ de cucharadita de comino molido tostado
- ½ cucharadita de orégano molido tostado
- ¼ de cucharadita de pimienta negra tostada
- 1 cucharada de aceite de oliva
- 1 pizca de sal

Calienta una cacerola pequeña a fuego medio alto. Agrega los chiles secos, cubre con agua y cocina por 10 minutos o hasta que los chiles estén suaves.

Retira el agua de los chiles y tritura en la licuadora con el resto de los ingredientes, con la excepción del aceite y la sal.

Calienta una sartén mediana a fuego medio alto, engrasa con el aceite de oliva y agrega la mezcla triturada. Cuando rompa el hervor, sazona con sal y retira del fuego.

Esta salsa se conservará en un recipiente hermético en el refrigerador 2 semanas.

SALSA ROJA CON CHAPULÍN

-30

Tiempo de preparación: 15 minutos
Tiempo de cocción: 10 minutos
Rendimiento: 300 ml

- 10 piezas de jitomate (tomate) enteras
- ½ pieza de cebolla blanca, picada
- 3 dientes de ajo limpios
- 3 piezas de chile de árbol seco, sin rabo
- 100 g de chapulín tostado
- ¼ de cucharadita de sal

Calienta dos sartenes a fuego bajo. En una de ellas añade los jitomates (tomates), la cebolla y los dientes de ajo para dejarlos tatemar (asar) a fuego medio alto por 10 minutos.

Calienta la segunda a fuego alto, agrega los chiles y cubre con agua. Cocina por 5 minutos o hasta que los chiles se sientan suaves. Cuela.

Agrega todos los ingredientes a la licuadora y añade los chapulines. Tritura todo muy bien (puedes ayudarte de un poco de agua de ser necesario) y reserva. Sazona con sal sólo si es necesario, ya que los chapulines ya vienen sazonados.

Esta salsa se conservará en un recipiente hermético en el refrigerador 3 días.

SALSA DE HORMIGA CHICATANA

-30

Tiempo de preparación: 5 minutos
Tiempo de cocción: 10 minutos
Rendimiento: 300 ml

- 10 piezas de jitomate (tomate) rojo enteras
- ½ pieza de cebolla blanca picada
- 3 dientes de ajo limpios
- 3 piezas de chile de árbol seco, sin rabo
- 100 g de hormiga chicatana tostada
- Sal

Calienta dos sartenes a fuego bajo.

En una de ellas añade los jitomates (tomates), la cebolla y los dientes de ajo, y déjalos tatemar (asar) a fuego medio alto por 10 minutos o hasta que los jitomates (tomates) se abran por la cocción.

En la otra, agrega los chiles y cubre con agua. Cocina a fuego medio por 5 minutos o hasta que los chiles se sientan suaves. Cuela.

Con ayuda de un molcajete (mortero), tritura todos los ingredientes, comenzando con los chiles, la cebolla y el ajo, hasta crear una pasta homogénea. Añade la hormiga, integra y añade los jitomates (tomates), siendo menos exigente al momento de triturarlos (de ser necesario, utiliza un poco de agua, para facilitar el triturado). Sazona con sal.

Esta salsa se conservará en un recipiente hermético en el refrigerador 3 días.

SALSA SINALOENSE

V -30

Tiempo de preparación: 10 minutos
Tiempo de cocción: 10 minutos
Rendimiento: 300 ml

- ¼ de pieza de chile de árbol seco, sin rabo
- ½ pieza de cebolla blanca mediana picada
- 2 dientes de ajo
- ½ cucharada de orégano molido tostado
- ½ cucharada de pimienta negra tostada
- ½ cucharada de semillas de comino tostadas
- ¼ de cucharada de clavo de olor molido tostado
- 60 ml de vinagre blanco
- Sal

Primero, rehidrata el chile de árbol.

Coloca una cacerola mediana a fuego alto. Añade el chile de árbol, junto con la cebolla y el ajo, y cubre con agua. Cuando rompa el hervor, cocina por 10 minutos a fuego medio alto o hasta que el chile esté totalmente suave.

Cuela y lleva los ingredientes a la licuadora. Agrega las especias y el vinagre, y tritura hasta obtener una salsa homogénea. Sazona con sal.

Esta salsa se conservará en un recipiente hermético en el refrigerador 1 semana.

SALSAS FRESCAS

GUACAMOLE

-30

Tiempo de preparación: 10 minutos
Rendimiento: 300 ml

- 1 pieza de chile serrano con semillas, sin rabo, picada finamente
- 1 diente de ajo
- ½ pieza de cebolla blanca, picada finamente
- 4 piezas de aguacate sin piel ni hueso, cortadas en cubos
- 2 piezas de jitomate (tomate) rojo, sin semillas, cortadas en cubos pequeños
- Hojas de cilantro picadas
- Jugo de 3 piezas de limón verde (lima)
- Sal

Con ayuda de un molcajete (mortero), tritura el chile, el ajo y la cebolla hasta obtener una mezcla homogénea. Añade el aguacate y tritura hasta que obtengas una pasta cremosa. Agrega el resto de los ingredientes y aplasta con una cuchara. Agrega jugo de limón verde (lima) y sazona con sal.

Sirve el guacamole en el molcajete.

Esta salsa se conservará en un recipiente hermético en el refrigerador 1 día.

CEBOLLA MORADA ENCURTIDA

-5 -30

Tiempo de preparación: 15 minutos
Rendimiento: 300 ml

- 4 piezas de cebolla morada
- 2-3 cucharadas de sal
- 2 piezas de chile habanero, sin rabo, cortadas en tiras
- Jugo de 15 piezas de limón verde (lima)
- ½ cucharadita de orégano molido

Comienza cortando la cebolla morada en pluma. Para esto, coloca la cebolla en una tabla y, con un cuchillo afilado, corta primero a la mitad y después ve cortando las mitades a lo largo.

Coloca la cebolla en un *bowl* con la sal. Mezcla muy bien y deja reposar a temperatura ambiente durante 10 minutos.

Una vez pasado el tiempo y con ayuda de un poco de agua, elimina el exceso de sal de la cebolla.

Cuela muy bien y reserva en un *bowl* seco. Coloca los habaneros con la cebolla. Añade el jugo de limón verde (lima) y sazona con el orégano.

Esta salsa se conservará en un recipiente hermético en el refrigerador 2 días.

K'UUT BI IK

-5 -30

Tiempo de preparación: 5 minutos
Tiempo de cocción: 10 minutos
Rendimiento: 300 ml

- 30 piezas de chile de árbol seco, sin rabo
- Jugo de 10 piezas de naranja agria
- Sal

Calienta una sartén a fuego alto. Coloca los chiles y cocina de 5 a 7 minutos. Sé muy cuidadoso de que no se quemen.

Tritura los chiles tatemados (asados) con el jugo de naranja en la licuadora hasta obtener una salsa homogénea. Sazona con sal.

Esta salsa se conservará en un recipiente hermético en el refrigerador 3 días.

PICO DE GALLO

-30

Tiempo de preparación: 5 minutos
Rendimiento: 300 ml

- 20 hojas de cilantro, picadas finamente
- 10 piezas de jitomate (tomate) rojo, cortadas en cubos pequeños
- 2 piezas de chile serrano, sin rabo, picadas finamente
- 1 pieza de cebolla blanca, cortada en cubos pequeños
- 1 pizca de sal
- Jugo de 1 pieza de limón verde (lima)

La receta de esta salsa es muy rápida. Sólo será necesaria una tabla, un cuchillo con filo y un *bowl*. Si lo deseas, retira las semillas del jitomate (tomate) para evitar que se genere más líquido.

Coloca todo en un *bowl* y mézclalo.

Esta salsa se conservará en un recipiente hermético en el refrigerador 1 día.

SALSA VERDE CRUDA

-30

Tiempo de preparación: 10 minutos
Rendimiento: 300 ml

- 10 piezas de tomate verde (tomatillo)
- 1 pieza de chile serrano
- ½ pieza de cebolla blanca, picada
- 20 hojas de cilantro
- Jugo de 2 piezas de limón verde (lima)
- Sal

Coloca todo en la licuadora para triturarlo por aproximadamente 5 minutos o hasta que obtengas una pasta homogénea. Sazona con jugo de limón verde (lima) y sal.

Esta salsa se conservará en un recipiente hermético en el refrigerador 2 días.

SALSA TAMULADA

-5 -30

Tiempo de preparación: 5 minutos
Rendimiento: 300 ml

- 20 piezas de chile habanero, sin rabo
- ¼ de cucharadita de sal
- Jugo de 10 piezas de naranja
- 60 ml de vinagre blanco
- ¼ de cucharadita de azúcar

En un molcajete (mortero), comienza a martajar los chiles habaneros con sal. Tritura todo muy bien hasta que tengas una pasta machacada.

Añade el jugo de naranja y vinagre. Sazona con sal y un poco de azúcar al gusto.

Esta salsa se conservará en un recipiente hermético en el refrigerador 3 días.

SALSA PEBRE

-30

Tiempo de preparación: 5 minutos
Rendimiento: 200 ml

- 2 piezas de jitomate (tomate), picadas finamente
- ½ pieza de cebolla blanca, picada finamente
- 3 chiles frescos (podría ser chile serrano, jalapeño, habanero, etc.), sin venas ni semillas, picados finamente
- 35 g de hojas de cilantro, picado finamente
- Vinagre blanco, para sazonar
- ¼ de cucharadita de sal

Coloca todo en un *bowl* mediano. Sazona con vinagre y sal hasta tener una pasta húmeda.

Esta salsa se conservará en un recipiente hermético en el refrigerador 3 días.

SALSAS HERVIDAS/ TATEMADAS

SALSA ROJA MOLCAJETEADA

-5 -30

Tiempo de preparación: 15 minutos
Tiempo de cocción: 10 minutos
Rendimiento: 300 ml

- 5 piezas de jitomate (tomate) rojo, cortadas a la mitad
- 2 dientes de ajo
- 2 piezas de chile serrano, sin rabo
- ½ pieza de cebolla blanca, picada
- Sal

Para esta receta necesitarás una plancha o una sartén, que deberás calentar a fuego medio alto por 5 minutos.

Añade los ingredientes, con excepción de la sal, y cocina dando vuelta tras vuelta por 10 minutos o hasta que todos los ingredientes adquieran un color oscuro por lo tatemado (asado). Reserva el ajo y los chiles en un plato si se asan antes que los jitomates (tomates) y la cebolla.

Con ayuda de un molcajete (mortero), tritura primero la cebolla con el ajo hasta obtener una pasta homogénea, añade los chiles e integra de la misma forma. Por último, añade los jitomates (tomates) y aplasta hasta integrar ¾ partes de estos. Sazona con sal.

Esta salsa se conservará en un recipiente hermético en el refrigerador 2 días.

SALSA VERDE MOLCAJETEADA

-5 -30

Tiempo de preparación: 15 minutos
Tiempo de cocción: 10 minutos
Rendimiento: 300 ml

- 7 piezas de tomate verde (tomatillo), cortadas a la mitad
- ½ pieza de cebolla blanca, picada
- 2 dientes de ajo
- 1 pieza de chile serrano verde, sin rabo
- Sal

Para esta receta necesitarás una plancha o una sartén, que deberás calentar a fuego medio alto por 5 minutos.

Añade los ingredientes, con excepción de la sal, y cocina dando vuelta tras vuelta por 10 minutos o hasta que todos los ingredientes adquieran un color oscuro por lo tatemado (asado). Reserva el ajo y el chile en un plato si se asan antes que los jitomates (tomates) y la cebolla.

Con ayuda de un molcajete (mortero), tritura primero la cebolla con el ajo hasta obtener una pasta homogénea, añade los chiles e integra de la misma forma. Por último, añade los tomates y aplasta hasta integrar ¾ partes de estos. Sazona con sal.

Esta salsa se conservará en un recipiente hermético en el refrigerador 2 días.

SALSA ROJA CON CHILE MORITA

Tiempo de preparación: 20 minutos
Tiempo de cocción: 25 minutos
Rendimiento: 300 ml

- 15 piezas de chile guajillo seco, sin venas ni semillas
- 5 piezas de jitomate (tomate) rojo grande, sin piel
- 2 dientes de ajo
- ½ pieza de cebolla blanca, picada
- 2 cucharadas de aceite de oliva
- Sal

En una cacerola, coloca los ingredientes previamente lavados. Cubre con agua y cocina a fuego medio alto por 15 minutos o hasta que los chiles se sientan suaves.

Cuela todo y, sin guardar el agua de la cocción, tritura todo en la licuadora hasta obtener una mezcla homogénea (puedes ayudarte con un poco de agua).

Calienta una sartén a fuego medio. Engrasa la sartén con el aceite de oliva, agrega la mezcla anterior y cocina, moviendo constantemente, por 10 minutos o hasta que la salsa cambie de color a un tono más oscuro. Rectifica la sazón con la sal.

Esta salsa se conservará en un recipiente hermético en el refrigerador 2 días.

SALSA VERDE HERVIDA CON SERRANO

-30

Tiempo de preparación: 10 minutos
Tiempo de cocción: 15 minutos
Rendimiento: 300 ml

- 7 piezas de tomate verde (tomatillo) grande, cortadas a la mitad
- ½ pieza de cebolla blanca, picada
- 2 dientes de ajo
- 2 piezas de chile serrano, sin rabo
- 6-7 ramitas de cilantro
- ¼ de cucharadita de comino molido tostado
- 1 cucharada de aceite de oliva
- ¼ de cucharadita de sal

En una cacerola mediana, coloca los tomates, la cebolla, el ajo y los chiles. Cubre con agua y cocina a fuego medio alto por 10 minutos o hasta que los tomates comiencen a tomar un tono más claro. Cuela todo y reserva el líquido.

Tritura la mezcla previa, junto con el cilantro, el comino y un poco del agua de la cocción hasta obtener una salsa homogénea.

Calienta una sartén mediana a fuego medio. Engrasa con el aceite de oliva, agrega la salsa y cocina, moviendo constantemente, por 5 minutos o hasta que cambie de color a un verde oscuro, sin que se queme. Sazona con sal.

Esta salsa se conservará en un recipiente hermético en el refrigerador 3 días.

SALSA ROJA HERVIDA CON SERRANO

-30

Tiempo de preparación: 10 minutos
Tiempo de cocción: 20 minutos
Rendimiento: 300 ml

- 7 piezas de jitomate (tomate) mediano, cortadas a la mitad
- ½ pieza de cebolla blanca, picada
- 2 dientes de ajo
- 2 piezas de chile serrano, sin rabo
- 1 cucharada de aceite de oliva
- Sal

En una cacerola mediana, coloca los jitomates (tomates), la cebolla, el ajo y los chiles. Cubre con agua y cocina a fuego medio alto por 10 minutos o hasta que los jitomates (tomates) estén suaves. Cuela y reserva el líquido.

Tritura todo, con un poco del agua de la cocción, hasta obtener una salsa homogénea. Calienta una sartén mediana a fuego medio.

Agrega el aceite de oliva, incorpora lo triturado y cocina, moviendo constantemente, por 10 minutos o hasta que la salsa cambie de color a un rojo más oscuro, sin que se queme. Sazona con sal.

Esta salsa se conservará en un recipiente hermético en el refrigerador 2 días.

SALSA DE CHILE PASILLA CON TOMATE VERDE

-30

Tiempo de preparación: 10 minutos
Tiempo de cocción: 20 minutos
Rendimiento: 300 ml

- 7 piezas de tomate verde (tomatillo) grande, cortadas a la mitad
- ½ pieza de cebolla blanca, picada
- 2 dientes de ajo
- 15 piezas de chile pasilla sin venas ni semillas
- 1 pizca de comino molido tostado
- 1 cucharada de aceite de oliva
- ¼ de cucharadita de sal

Coloca los tomates verdes (tomatillos), la cebolla, el ajo y los chiles en una cacerola mediana. Cubre con agua y cocina a fuego medio alto por 10 minutos o hasta que los chiles secos se sientan suaves. Cuela todo.

Con ayuda de la licuadora, tritura los ingredientes. Agrega el comino y un poco de agua.

Calienta una sartén mediana a fuego medio y engrasa con el aceite de oliva. Agrega la mezcla anterior y cocina por 10 minutos o hasta que la salsa adquiera un tono café oscuro, sin que se queme. Sazona con sal.

Esta salsa se conservará en un recipiente hermético en el refrigerador 2 días.

SALSA DE CHIPOTLE DULCE

Tiempo de preparación: 10 minutos
Tiempo de cocción: 30 minutos
Rendimiento: 300 ml

- 300 g de piloncillo (panela)
- 3 piezas de cebolla grande, cortadas en cubos
- 7 dientes de ajo
- 5 piezas de chile guajillo seco, sin venas ni semillas
- 10 piezas de chipotle seco, sin rabo
- 200 ml de vinagre blanco
- ¼ de cucharadita de sal

En una cacerola mediana, coloca el piloncillo (panela), la cebolla, el ajo, los chiles guajillo y chipotles secos, el vinagre blanco y 600 ml de agua. Cocina todo a fuego medio alto por 20 minutos o hasta que se haya consumido la mitad del agua y los chiles se sientan suaves.

Una vez transcurrido el tiempo, licua todo muy bien. Es importante mencionar que para esta receta deberás triturar incluyendo el agua de la cocción. Agrega todo lo antes triturado a la cacerola y cocina por 10 minutos o hasta que la salsa adquiera una consistencia espesa, moviendo constantemente para evitar que se queme. Sazona con sal.

Esta salsa se conservará en un recipiente hermético en el refrigerador 3 días.

SALSA DE CHILES SECOS

Tiempo de preparación: 10 minutos
Tiempo de cocción: 30 minutos
Rendimiento: 300 ml

- 6 piezas de jitomate (tomate) rojo, cortadas a la mitad
- ½ pieza de cebolla blanca, picada
- 2 dientes de ajo
- 8 piezas de chile ancho, sin venas ni semillas
- 8 piezas de chile pasilla, sin venas ni semillas
- 4 piezas de chile de árbol seco, sin rabo
- 1 cucharada de aceite de oliva
- Sal

Calienta un comal o una sartén mediana a fuego medio alto por 5 minutos. Coloca los jitomates (tomates), la cebolla y el ajo, y cocina por 15 minutos, dándoles la vuelta, procurando que adquieran un color café oscuro.

Coloca una cacerola pequeña, añade la mitad de agua e introduce los chiles secos. Cuando rompa el hervor, baja el fuego y cocina por 7 minutos o hasta que los chiles se sientan suaves. Cuela.

Tritura los ingredientes tatemados (asados) y los chiles hidratados hasta obtener una pasta homogénea (puedes ayudarte con un poco de agua).

Calienta una sartén mediana a fuego medio alto. Engrasa con el aceite de oliva, agrega la mezcla y cocina por 5 minutos más, moviendo constantemente, sin que se queme. Sazona con sal.

Esta salsa se conservará en un recipiente hermético en el refrigerador 1 semana.

SALSA DE CHILE MANZANO CON TOMATE AMARILLO

-30

Tiempo de preparación: 10 minutos
Tiempo de cocción: 20 minutos
Rendimiento: 300 ml

- 4 cucharadas de aceite de oliva
- ½ pieza de cebolla blanca, picada
- 2 dientes de ajo
- 8 piezas de tomate amarillo, cortadas a la mitad
- 3 piezas de chile manzano fresco, sin venas ni semillas
- Sal

Calienta una cacerola a fuego medio alto y engrasa con 3 cucharadas de aceite de oliva. Agrega la cebolla y el ajo, y cocina por 5 minutos o hasta que la cebolla esté dorada. Añade el tomate junto con el chile manzano, moviendo constantemente, y cocina por 10 minutos o hasta que el tomate suelte toda el agua. Agrega agua hasta la mitad de la cacerola y lleva a hervor.

Cuela y tritura la preparación anterior hasta obtener una salsa bien homogénea.

Calienta otra cacerola a fuego bajo y engrasa con la cucharada de aceite de oliva restante. Agrega la salsa y cocina a fuego medio alto hasta que rompa el hervor. Procura mover la salsa constantemente para evitar que se queme. Retira del fuego y sazona con sal.

Esta salsa se conservará en un recipiente hermético en el refrigerador 2 días.

TORTILLAS

TORTILLAS DE MAÍZ (HARINA DE MAÍZ)

-5 -30

Tiempo de preparación: 15 minutos
Tiempo de cocción: 5 minutos
Rendimiento: 30

- 1 kg de harina de maíz
- 1 pizca de sal
- 500 ml de agua tibia
- Harina de maíz para espolvorear

En un *bowl*, añade la harina de maíz y la sal. Al igual que cuando preparas pasta, crea una montaña de harina y, justo en el centro, una abertura en la cual añadirás poco a poco el agua, mezclando con ayuda de las manos. Una vez que termines de añadir el agua, retira todo del recipiente y coloca la mezcla en una mesa.

Amasa la mezcla con la palma de las manos, extendiendo la masa para después volver a juntarla. Repite el proceso por 10 minutos o hasta que la mezcla esté completamente integrada.

Porciona la masa en 30 bolitas del tamaño de una pelota de golf (para las flautas, porciónala en bolas cilíndricas).

Aplasta las bolitas y dales forma con ayuda de una prensa o de un rodillo entre 2 láminas de *vitafilm*. Aplasta sin demasiada fuerza, sólo para adelgazarlas, y quita el *vitafilm*.

Calienta una sartén a fuego medio y coloca las tortillas de un lado. Cuando la tortilla comience a despegarse de las orillas, será el momento adecuado para voltearla. Cocina la tortilla hasta que las orillas comiencen a despegarse de nuevo y dale una tercera vuelta, para que finalmente se infle. Retira y reserva.

Repite el proceso hasta terminar la masa.

TORTILLAS DE MAÍZ NIXTAMALIZADO

-5

Tiempo de preparación: 1 hora
Tiempo de cocción: 30 minutos
Rendimiento: 25

- 1 kg de grano de maíz amarillo
- 11 g de cal viva

Lava el maíz en un *bowl* grande con agua para retirar las impurezas.

En un *bowl* de metal, coloca la cal con 120 ml de agua para activarla. Esto es un proceso químico, por lo cual debes tener cuidado, ya que alcanza temperaturas altas.

En una cacerola grande, coloca el maíz lavado, cubre con agua y agrega la cal. Cocina todo a fuego alto por 20 minutos o hasta que el maíz esté suave y el pellejo que cubre los granos de maíz sea lo suficientemente suave como para quitarlo con la mano. Retira del fuego, cuela y lava de nuevo el maíz con suficiente agua, retirando todo el pellejo de los granos.

Tritura el maíz en un molino hasta obtener una pasta suave; puedes agregar agua para facilitar la molienda y que la masa no se deshidrate. Porciona en 25 bolitas del tamaño de una pelota de golf (para las flautas, porciona la masa en bolas cilíndricas). Aplasta las bolitas y dales forma con ayuda de una prensa o de un rodillo entre 2 láminas de *vitafilm*. Aplasta sin demasiada fuerza, sólo para adelgazarlas, y quita el *vitafilm*.

Calienta una sartén a fuego medio y coloca las tortillas de un lado. Cuando comience a despegarse de las orillas, será el momento para voltearla. Cocina la tortilla hasta que las orillas comiencen a despegarse de nuevo y dale una tercera vuelta, para que finalmente se infle. Retira y reserva.

Repite el proceso hasta terminar la masa.

TORTILLAS DE HARINA

-5

Tiempo de preparación: 20 minutos, más 30 minutos para reposar
Rendimiento: 30

- 1,8 kg de harina de trigo
- 18 g de polvo para hornear
- 18 g de sal
- 3 l de leche entera
- 540 g de mantequilla

Agrega todos los ingredientes secos en el *bowl* de una batidora junto con la leche.

Mezcla a velocidad intermedia durante 20 minutos o hasta que se desarrolle el gluten. Para saber si se desarrolló de forma adecuada, realiza una prueba sencilla: toma una pequeña porción de la masa y, con ayuda de las yemas de los dedos, extiende hasta formar una película elástica que no se rompa. Si se rompe, deberás amasar 1 o 2 minutos más en la batidora.

Cuando la masa pase la prueba, agrega un tercio de la mantequilla, conservando la misma velocidad en la batidora. Deja que todo se integre y repite el proceso dos veces más hasta acabar con la mantequilla. Retira de la batidora y reposa por 30 minutos en un lugar seco tapado con un trapo.

Una vez pasado el tiempo, es momento de porcionar la masa en 30 bolitas del tamaño de una pelota de golf.

Aplasta las bolitas y dales forma con ayuda de una prensa o de un rodillo entre 2 láminas de *vitafilm*. Aplasta sin demasiada fuerza, sólo para adelgazarlas, y quita el *vitafilm*.

Calienta una sartén a fuego medio y coloca las tortillas de un lado. Cuando la tortilla comience a despegarse de las orillas, será el momento adecuado para voltearla. Cocina la tortilla hasta que las orillas comiencen a despegarse de nuevo y dale una tercera vuelta para que finalmente se infle. Retira y reserva.

Repite el proceso hasta terminar la masa.

GLOSARIO

ACHIOTE O AXIOTE

Fruto de origen norteamericano cuyas semillas se usan como condimento o colorante rojizo. La pasta que se elabora con él en el sureste de México, se llama *recado rojo*. Es la base de la preparación conocida como *pibil*.

AYOCOTE

Frijol de gran tamaño —el más grande que existe en México—. Miden más de 2 cm de largo y varían de color según la región (pueden ser morados, negros, café, blancos o pintos), pero, al cocerse, casi todos pierden su color y adquieren un tono café oscuro. Las flores rojas de la planta también son comestibles.

CHAPULÍN

Insectos acrídidos que se encuentran en Oaxaca, el estado de México y Guerrero. Se venden de distintos tamaños: los más pequeños tienen un sabor más suave. Los chapulines se lavan y hierven en agua con sal y se consumen tostados, con chile, al mojo de ajo, como carne para tacos y con sal y limón, entre otras preparaciones.

CHICATANA

Especie de hormiga de gran tamaño y color café oscuro o rojizo. Es una de las más abundantes en el país. Las obreras se conocen como *arrieras* y el resto, ya sean machos o hembras, como *chicatanas*. Construyen sus hormigueros en terrenos arcillosos y abundan en los meses de mayo, junio y julio. Dependiendo de la región, se las conoce con diferentes nombres, como *sakol*, *say* y *xulab*, *cortadoras de hojas*, *hormigas cabezonas*, *hormigas parasol*, *cicateras* o *talaras*, entre otros. Al ser capturadas, se ponen en ollas de barro con agua y se tuestan para evitar su descomposición, y para comerlas, se les deberá quitar la cabeza y las patas.

CHICHILO

Mole de origen oaxaqueño también conocido como *chichilo negro*. A pesar de ser el menos conocido, es considerado uno de los siete moles célebres de Oaxaca. El color del chichilo se obtiene gracias a la mezcla de chiles tostados —chilhuacle negro, pasilla, mulato— y de tortillas quemadas, los cuales, además, le darán un sabor ahumado.

CHINTEXTLE

Es una pasta de chile molido de la que existen muchas variedades. Casi todas incluyen chile mixe molido. Esta salsa, que suele consumirse con tortillas, puede constar únicamente de agua y chile molido, o se le puede añadir desde camarón (langostino) seco, ajo, aceite y vinagre, hasta pepita, nuez, almendra y frijol negro.

CHIRIVÍA

La *Pastinaca sativa* es una raíz que se emplea como hortaliza. Su cultivo, muy antiguo, se remonta a siglos atrás en Eurasia. Es bastante similar a la zanahoria, aunque de color blanco y con sabor anisado. Mejora después de una helada, ya que el efecto del frío convierte parte del almidón en azúcar.

ESCAMOLES

Huevos, larvas y pupas de hormigas negras o rojas, con aspecto similar al del arroz inflado. Se consiguen durante marzo y abril.

MACHACA

Típica del norte del país, es carne de res —generalmente del lomo— que sigue un proceso de salación y secado al sol, para después ser triturada. Su nombre proviene de este proceso de machacarla con una piedra o un palo, en lugar de molerla o cortarla en trozos pequeños.

MISO

Es un condimento hecho con semillas de soya (soja) y cereales como arroz, trigo o cebada y sal marina, fermentados con el hongo koji. Según el grado de fermentación, el sabor de esta pasta varía de dulce al salado, y su color, del amarillo al pardo oscuro.

NIXTAMALIZAR

Es el proceso mediante el cual se cuece el maíz llevándolo a hervor con cal viva en trozo o cal molida. En este procedimiento se produce una reacción físico-química que genera calor, contribuyendo a suavizar y desprender la cascarilla del maíz. Mediante esta misma reacción, las partículas del interior del grano se aglutinarán durante la molienda, debido a que, al absorber el agua, los almidones pasan a un estado plástico o de gel. La nixtamalización hace más digeribles las proteínas del maíz y permite disponer de la niacina que se encuentra en el grano, lo que ayuda a prevenir enfermedades como la pelagra.

PENCA DE MAGUEY (AGAVE)

El maguey (agave) es una planta cactácea de 1,5 metros de altura aproximadamente, que tiene un tallo corto. A las hojas se les llama *pencas* y salen del tallo dispuestas en forma de roseta. Pueden ser de color verde claro, en ocasiones con tintes de amarillo, gruesas y con pulpa, y tienen espinas en los bordes.

SIKIL PAK

Salsa espesa, tradicional de la península de Yucatán, que se prepara con pepita (pipas) de calabaza, jitomate (tomate), chile habanero, cilantro, cebollín (cebollino), ajo y sal. Se utiliza como una botana (aperitivo) que se unta en tostadas.

TATEMAR

Del náhuatl *tlatemati*, «quemar», «poner al fuego». Término de cocción usado principalmente en comunidades rurales. Dicho procedimiento consiste en colocar los alimentos sobre un comal, y éste, a su vez, se coloca sobre las brasas, para que se asen o cuezan.

YUZU

Cítrico originario de China, pero que se cultiva, sobre todo, en Japón. Su pulpa es amarga y está repleta de semillas. Tiene un sabor parecido al de la toronja. Se utiliza como infusión, o en postres y mermeladas, y sustituye al limón en algunos platos japoneses tradicionales. Su jugo se emplea para elabora *ponzu*, una salsa tradicional de la cocina japonesa.

YUZU KOSHO

Condimento que se elabora con chile, sal y cáscara y jugo de *yuzu* (ver definición). Es originario de la isla de Kyushu, al sur de Japón. Existe en versiones rojas y verdes, según el color de los chiles utilizados en su preparación. Es muy fragante y su sabor es picante y ligeramente ácido.

ÍNDICE

A - B

C

C - H

H - L

L - Q

R

R

R

R - T

T - Z

AGRADECIMIENTOS DEL AUTOR

Quiero agradecer a las siguientes personas de mi equipo su inestimable ayuda para hacer este libro posible: Alonso, Araceli, Axel, Bruno, Gio, Gonzalo, Israel, Jochs, Liz y Pati.

También me gustaría dar las gracias al equipo de Phaidon: a la directora editorial Deb Aaronson, la directora creativa Julia Hasting, la editora de proyecto Michelle Meade, la editora jefe de gastronomía Ellie Smith y la editora Emily Takoudes.

BIOGRAFÍAS

ENRIQUE OLVERA

Enrique Olvera, natural de la Ciudad de México y titulado con honores por el Culinary Institute of America, abrió Pujol el año 2000. Piedra angular de la cocina mexicana, este restaurante se nutre de la tradición culinaria de México y celebra los ingredientes de temporada. Con dos estrellas Michelin, forma parte de la familia Relais & Châteaux y es un habitual de *The World's 50 Best Restaurants*.

Su primer restaurante en Estados Unidos fue Cosme, en Nueva York, al que siguió Atla. Propietario de Eno, en la Ciudad de México, es copropietario de Criollo, en Oaxaca, y chef creativo de Manta, en Los Cabos. En 2018 abrió Casa Teo, una residencia que fomenta la creatividad, y Molino "El Pujol", que promueve las variedades autóctonas de maíz. Su expansión siguió con el bar Ticuchi, en la Ciudad de México, donde explora los destilados de agave, Damian y Ditroit, en Los Ángeles, y Carao, en la Riviera Nayarit.

En 2024 abrió Esse Taco, en Brooklyn. De continua actualidad en los medios de comunicación, ha protagonizado varios documentales y participado en *Chef's Table,* de Netflix. Es autor de varios libros, incluidos *México de adentro hacia afuera* y *Tu casa mi casa* de Phaidon.

Firme defensor de la cocina mexicana, dentro y fuera de sus fronteras, su influencia en la escena gastronómica mexicana es indiscutible. Varios de los chefs formados en Pujol dirigen hoy algunos de los restaurantes más prestigiosos del país.

ALONSO RUVALCABA

El escritor y crítico gastronómico mexicano **Alonso Ruvalcaba** está obsesionado con los tacos y les ha dedicado innumerables artículos, muchos de ellos para publicaciones tan relevantes como *Los Angeles Times*, *Bon Appetit* y *Vice*.

NOTAS SOBRE LAS RECETAS

La mantequilla siempre es con sal, salvo que se indique otra cosa.

Los huevos serán de tamaño mediano, salvo que se indique otra cosa.

Las hierbas serán siempre frescas, salvo que se indique otra cosa.

La leche siempre es entera o semidesnatada, salvo que se indique otra cosa.

Las aceitunas se pueden usar con o sin hueso, salvo que se indique otra cosa.

La pimienta siempre es pimienta negra recién molida, salvo que se indique otra cosa.

La sal siempre es fina, salvo que se indique otra cosa.

El azúcar siempre es blanco, salvo que se indique otra cosa.

Se entiende que las frutas y las verduras, como las zanahorias y las manzanas, son de tamaño mediano, salvo que se indique otra cosa, y se deben siempre pelar y/o lavar, a no ser que se indique otra cosa.

El aceite neutro hace referencia a los aceites vegetales, de canola (colza), pepita de uva, girasol o maíz, o a un aceite de oliva ligero.

Las cucharadas serán rasas.

1 cucharadita = 5 ml
1 cucharada = 15 ml

Cuando no se especifiquen cantidades, es el caso del aceite, la sal y las hierbas aromáticas utilizadas para terminar un plato, las cantidades serán siempre discrecionales y flexibles.

Los tiempos de preparación y cocción son solo orientativos. Si utiliza un horno de convección, siga las indicaciones del fabricante.

Para freír, caliente el aceite a la temperatura especificada o eche un dado de pan duro en el aceite. Si se dora en 30 segundos, habrá alcanzado la temperatura deseada. Después de freír, escurra los alimentos fritos en papel absorbente.

Para esterilizar un tarro de vidrio, lávelo con agua caliente y jabón y enjuáguelo con agua caliente. Precaliente el horno a 140 °C. Coloque los tarros en una bandeja de horno e introdúzcalos en el horno para que se sequen.

Tenga cuidado al preparar recetas que conlleven un cierto riesgo, incluido el uso de altas temperaturas, llamas directas y procesos de fritura.

Al freír, añada los alimentos poco a poco para que el aceite no salte, vista ropa de manga larga y no deje la sartén sola.

En algunas recetas se utilizan huevos, carne o pescado crudos o poco hechos, así como productos fermentados. Los niños, ancianos, mujeres embarazadas, enfermos y personas con deficiencias del sistema inmunitario deberían evitar tomarlos.

Todas las hierbas, brotes, flores y hojas deben ser frescas, de procedencia limpia y segura.

Tenga cuidado al recolectar ingredientes; solo deben comerse si un experto determina que son seguros y se pueden comer.

En particular, en el caso de las setas silvestres, confirme siempre su idoneidad para el consumo humano. Algunas especies causan reacciones alérgicas y enfermedades, tenga mucho cuidado al cocinar y comer setas y acuda al médico de inmediato si experimenta cualquier malestar.

REFERENCIAS

Ricardo Muñoz Zurita, *Diccionario enciclopédico de la gastronomía mexicana*, Ediciones Larousse, 2012.

Enrique Olvera, *En la milpa*. 1.ª edición, 2011.

Enrique Olvera, *México de adentro hacia afuera*. 1.ª edición, Phaidon, 2015.

Enrique Olvera, *Pujol Veinte*. 1.ª edición, 2020.

Enrique Olvera, *Tu Casa Mi Casa*. 1.ª edición, Phaidon, 2019.